Matthias Ulrich

PATAGONIEN-PASSAGE

Auf Bruce Chatwins Spuren

Verlag Reiner Brouwer

Alle Angst war vergangen, und ich war bereit,
alles hinzunehmen, was mir an Verwandlungen
und Metamorphosen widerfahren mochte.
Philippe Jaccottet

für Angelika

Aus den Notizen

Als erstes das Licht. Ein schwebend kaltes Licht wie durch Milchglas hindurch. Es ist Winter, als ich ankomme. Der Himmel ohne Farbe, fedrige Wolken darüber. Das Licht erinnert an die Tage der Zwischenzeit: Wachtraumtage zwischen Silvester und Dreikönig, Fenstertage im Februar, Tage für Reisen nach innen, hier finde ich mich draussen.

Vom Flugzeugfenster aus trägt die flache Landschaft eine genarbte Lederhaut. Grün, braun und grau geschabt der Grund, darauf Linien, Furchen, Striche und runde, noppenartige Narben. Am Boden lerne ich diese Zeichen zu entziffern: Straßen, Weiden, Wasserstellen und Pisten.

Ein trockener, kühl durchwehter Tag. Schon läßt der blanke Lichtschein den Frühling ahnen. Was wird hier blühen? Ginster blüht weiß, der Farbe, die dem Nichts am nächsten ist (Jaccottet).

Gehen in Patagonien. Entweder der Straße nach auf ausgebleichten Kieseln oder querfeldein – über den trügerischen Sand und zwischen Dorngestrüpp hindurch. Das Gehen zerstört die Illusion der Flachheit. Die Ebene ist durchzogen von unzähligen Rinnen, Kuhlen, Abbrüchen, Windungen und Kammern. Sie sind nicht tief, aber bereiten den Füßen Mühe wie auch die braunen, verfilzten Graspolster, die kleinen, spitzen Dornen an den Sträuchern. Zäune versperren den Weg. Sie kommen vom Horizont hoch und verschwinden auf der anderen Seite. Was die Welt teilt, ist ein Zaun. Wo sich Himmel und Erde berühren, steht ein Zaun. Ich kann sie überklettern, sie sind nicht hoch, und an ihren straffen Drähten hängen Wollbüschel. Auf der anderen Seite des Zaunes geht es so weiter: Gestrüpp, Grasbüschel, Sandrinnen, Wollfäden an den Dornen. Auch die Überreste von Schafen finde ich: grau und schwarz verkrustet im Sand. Unsichtbar und allgegenwärtig die Aasvögel, die Andenkondore.

Die Romantiker wanderten durch Landschaften ihrer inneren Welt und schrieben davon, am schönsten und tiefsten in Versen, Chatwin wanderte durch ein Weltbuch, ein traumhaft zueinandergefügtes Buch. Er besaß es schon, bevor er es überhaupt niederschrieb. Patagonien ist nur der äußere Anlaß einer Geschichte, die längst in seinem Kopf war. Den Text mußte er nur noch auf hin und her wandernde Weise zusammenfügen.

Bald sind die Schuhe voller Sand, die Beine von Dornen geritzt. Ab und an fliegt ein stiller Vogel auf, er gibt keinen Laut. Noch einmal die Landschaft: anscheinend flach und waagrecht, manchmal liegt der Horizont ein wenig höher als die eigene Position, manchmal ein wenig tiefer. Die Straßen laufen schnurgerade, in einem so weiter und überspringen Horizontlinie um Horizontlinie. Kommen Autos entgegen, wirken sie wie die rastlosen Boten einer hinter dem Horizont versunkenen Zivilisation. Blechtiere, die das Land durchhasten. Häufig werden die Straßen zu Pisten. Ein rötlicher, feiner Staub bedeckt sie. Überall sind diese Lehm- und Staubspuren zu finden – an den Blättern, den Büschen, am Lack der Autos, an den Reifen, die wenigen Schilder mit Staub überzogen sowie die Plastikflaschen, die irgendwo am Straßenrand liegen. Nur der Himmel ist frei. Der Wind bläst Sandschlieren auf, Staubwolken; aber so schnell wie sie auffliegen, sinken sie auch wieder herab. Alles andere hat sich dem patagonischen Staub ergeben, kein Regen, der ihn fortwäscht. Einzig die Zeit, die ihn Schicht um Schicht über dem Land verfestigt.

Ich will mir Notizen machen, aber was soll ich hier

schreiben? Nur Horizont, Straße, Horizontfläche, der blasse Schirm des Himmels. Mathematisch klar. Der Wind ist die einzige Gegenwart. Er fährt ins Haar, streicht an den Ohren vorbei und erzeugt eine Gegenkraft in der Luft.

Neben der Staubpiste das Aluminiumwerk. Auch hier hat sich der Staub über alles gelegt. Manche Gebäudeteile wirken wie jüngst hingestellt, und andere nehmen sich aus, als sänken sie in die Erde; einem fortwährenden Aufbauen auf der einen Seite entspricht das Versinken und Verstauben auf der anderen.
  Das leere Land gibt jedem und niemandem eine Chance. Nicht weit vom Aluminiumwerk stehen kleine Arbeiterhäuschen direkt am Meer. Die Fenster starren blind und staubüberzogen aufs Wasser und scheinen wie in einer rätselhaften Erwartung gebaut. Niemand wohnt hier, ein Vorhang steht bewegungslos, als wären helle Steinplatten hinter das Fenster gestellt.

Vom Rand der Ebene der Blick nach Puerto Madryn hinab. Weil vorher alles horizontal, leer und unveränderbar war, wirkt nun die Stadt wie das Gegenteil, vertikal, pulsierend und vertraut. Aber beim Näherkommen verschwindet dieser Eindruck. Auch hier der unbesiegbare Staub, rötlich und grau. Die Gebäude an der Uferpromenade stehen halbfertig: leere Rohbauten, Stahlträger, die rosten, Fensterhöhlen, durch die der Wind pfeift. Draußen auf dem Meer die Umrisse einer Ölplattform.
  Später ein Stromausfall. Der Staubgeschmack wieder, die Dunkelheit, Schattenfiguren vor flackerndem Kerzenlicht. Vor dem Haus ein überwältigender Sternenhimmel und wie ein Kranz silberner Distelblüten die Milchstraße. Loerke: Der Silberdistelwald. Ich suche nach dem Kreuz des Südens, habe ich es gefunden, bin ich – bilde

ich mir ein – nun wirklich auf der Südhemisphäre der Erde. Mein Reisegefährte schüttelt den Kopf, das Sternbild, es bleibt unauffindbar.

Im grünlich schimmernden Dunkel der Wal. Bevor ich ihn sehe, ahne ich ihn. Ein Schatten, der in der Tiefe schwebt. Der Schatten wird größer und erhält im helleren Grün der oberen Wasserschicht eine Kontur; einen riesigen Kopf, einen dunklen, runden Leib und die geschwungene, kraftvolle Flosse. Gleich wird er das Boot, in dem wir sitzen, in die Luft heben, und wir fallen vom Buckel des Wals ins eiskalte Wasser. Im Zwielicht tanzen die Schatten. Der Wal dreht sich wie mit leichter Hand zur Seite und durchstößt die Wasseroberfläche. Sofort bläst er eine Wolke aus Gischt und Wasser aus dem Atemloch, und mich treffen einige Tropfen. Andere Wale tauchen auf. Ihre schwarzen, wie mit Muscheln übersäten Köpfe strecken sie aus dem Wasser. Weiß ist die Farbe der Stirn, Sterne und Inseln zugleich. Ist das ein Auge, das da so funkelt, oder sind es Wassertropfen in einer Hautfalte? Ihr Schwimmen und Drehen, ihr Spritzen und Prusten zeigt ihre Lebenslust. Was macht sie so unbekümmert? Wir folgen mit unserem Boot ihren großen, wasserglänzenden Leibern. Welle um Welle.

Auf der Piste weht wieder der Staub. An manchen Stellen breite, die Piste unterbrechende Wasserlachen. Ein trübes, graues Wasser, woher es kommt, weiß niemand. In der Nacht, wie auch Tage zuvor, hat es nicht geregnet. Das Wasser bleibt über Wochen dort stehen, versickert nicht, und die Wintersonne ist zu schwach, Staub weht darüber. Manchmal haucht der Frost eine dünne Eishaut darauf. Erst im Sommer trocknen die Löcher aus. Wer mit dem Auto unterwegs ist, muß auf der Hut sein. Bleibt er im Schlick eines Wasserlochs stecken, holt ihn niemand heraus. Tage vergehen, und plötzlich wird ein Wasserloch zum Niemandsort, zur Grenze, die nicht passiert werden kann.

Wieder gehe ich und spüre den Sand und die Grasbüschel unter den Füßen. Ich gehe unbekümmert, wie ich als Kind gegangen bin. Ich schmecke den Staub und lasse mich treiben. Ich stolpere, ich balanciere, ich drehe mich, gehe ein wenig rückwärts und wieder nach vorne, mache ein paar Sprünge und gehe lange wieder über den Sand. Nichts lenkt mich ab. Ich betrachte den fernen Horizontsaum, aber es spielt keine Rolle, dorthin zu kommen. Ich bewege mich, als hätten sich alle Gedanken im Land aufgelöst, und einzig eine klare, nüchterne Linien- und Flächenhaftigkeit sei geblieben, die Piste, das flach gelagerte Stück Land, der dünne Faden des Horizonts, das Glas des Himmels.

›Doch in jenen Tagen geschah es selten, daß mir überhaupt ein Gedanke durch den Kopf ging... mein Kopf hatte sich plötzlich von einer Denkmaschine in eine Maschine mit einem anderen, unbekannten Zweck verwandelt... Mein Zustand war ganz Spannung und Wachsamkeit: doch ich erwartete nicht, ein Abenteuer zu erleben.‹ So H.W. Hudson in seinem Buch ›Idle days in Patagonia‹. Hudson, dessen Romane fast alle in Patagonien spielen, lebte dort als Kind und junger Mann. Später ging er dann nach England und schrieb über sein Orplid: Patagonien.

Ich fand diese Beschreibung, nein, Bestimmung meines patagonischen Gehens in dem Buch von Chatwin und Theroux: ›Wiedersehen mit Patagonien‹. Hudson spricht hier jenen seltsamen, wie aufgebrochen und entleerten Denkzustand an, in den der Patagonienwanderer fallen kann: ein Schritt vor dem Tagtraum, ein helles, intensives Wachsein, auf nichts hingespannt als da zu sein.

Im Schnee bei Esperanza entdecke ich die eigene Fußspur wieder. Ich sehe die Tritte, die in den Schnee gefrästen Spuren der Autobusse und über dem Horizont Lichtpunkte im abendlich verfärbten Himmel. Fingerlange Rauhreifnadeln an den Ästen von Ginster und Birke. Ich spüre den weichen Schnee, während die Kälte im Gesicht und an den Händen beißt. Ich gehe die Straße entlang, die unter einer dünnen Schneedecke liegt. Blaßgelb und hellblau schimmert das Licht an den Wolkenrändern. Später im Bus höre ich das gleichmäßige Surren der Reifen im Schnee, sonst ist es still zwischen Weltall und Erde.

Wieder zu Fuß. Die Piste ist mit Eis bedeckt, an manchen Stellen ist es durchbrochen. Die dunkle Erde verhilft zu einem sicheren Tritt. Dazwischen die Gräben der Reifenspuren, in denen Wasser zu milchigem Eis gefror.
    Meinen Reisegefährten sehe ich weit vor mir. Wir müssen einen straff gespannten Drahtzaun überklettern, dann stehen wir im Steppengras an einem Hang. Die Felsen haben eine rote und graue Färbung, sie sind rund wie Buckel. Wirkten sie aus der Ferne eher klein, so wachsen sie beim Näherkommen ins Riesenhafte. Alles verliert sich in dem flachen Land. Aber aus der Nahperspektive weist es den Menschen ab. Trotzdem, ich will auf jenen Berg, der den Horizont versperrt und die Ebene überragt. Ich stelle mir vor, davon könnte ich erzählen.

Alles war geschaffen vom winterlichen Licht und der Stille des Raumes: die Grasbüschel, die Zäune, die Sandrinnen, die Felsen, die sich hier und da aus dem Boden erhoben, die Felswände, die zum Horizont hin absperrten, und die Felswand vor uns, die einer Klippe glich. Hatte Borges für seinen ›Unsterblichen‹ solche Felsen im Sinn gehabt? Grabstollen, Nischen aus Stein, Steilhänge, von der Zeit geglättet. An einem trockenen Bachlauf fanden wir schließlich den Einstieg. Ein kalter Wind fuhr plötzlich in die Kleider, ich schwitzte und fror in einem. Aber kein Empfinden von Schwere oder Überdruß, nicht einmal Mühe, nur eine leichte, windumtoste Müdigkeit. Ich kletterte über Schutthalden und steile Felskegel hinauf. Im Westen sah ich den Lago Argentino zu Füßen der Anden. Das kühle Graugrün des Wassers kontrastierte mit dem Schneeweiß der Andengipfel, und die Wolken rollten über den Himmel.

Manchmal ruhte die Luft, aber dann, von einem Augenblick auf den anderen, sprang der Wind über die Felsabsätze und bog alles in seine Richtung. Aber die Wolken zogen nicht zu, das Licht schien blaß auf das Land. Mitunter, als flatterten riesige, türkisfarbene Fahnen, öffnete sich der Himmel, die Wolken verschwanden, und die Sonne brach vollends durch.

Wir hatten den Berg erklommen und sahen weit über das Land. Hier war niemand, niemand, der hierher gehörte. Das Land war flach und ohne Menschen, auch ein paar Häuser bewiesen nicht das Gegenteil. Ich dachte an die Zeit nach den großen Gletschern, als Europa noch leer lag. Hier bot sich so ein Bild, ein Wind, der tobte und alle Spuren verwehte. Ich ging, nirgendwo hinterließ ich eine Spur.

Bis ans Ende der Welt

Aber warum war ich in Patagonien? Was lockte mich aus dem mitteleuropäischen Sommer in den patagonischen Winter? Warum Tausende von Kilometern fliegen, um in ein Gebiet zu kommen, das aus Steppengräsern, Sand, Wind, Schafen und flachen Horizonten besteht? Keine Sehenswürdigkeiten der üblichen Sorte, keine Kulturschätze oder pittoresken Städte, nur Wind, Sand und Sterne. Und da beginnt es schon – die seltsame Magie der Worte, die mich als Kind fesselte. Zum Beispiel: ›Wind, Sand und Sterne‹ ein Buchtitel, dessen Wortdreiklang ein schönes Synonym für die Sehnsucht ist. Die Kapitel des Buches tragen Überschriften wie: Die Strecke. Die Kameraden. Das Flugzeug. Die Naturgewalten. Das Flugzeug und der Planet. Die Oase. Die Wüste. Der Durst. Die Menschen. Wer hat je so bündig das Planetarische in neun Kapiteln untergebracht und der Phantasie allen Raum und alle Vorstellung gelassen? Ich hatte als Kind dieses Buch von Antoine de Saint-Exupéry in der Bibliothek meines Großvaters entdeckt. Es war die alte Taschenbuchausgabe im Karl Rauch Verlag, auf der die Worte Wind, Sand und Sterne fast eine Einheit bilden.

Mein Großvater war ein Freidenker, der sich mit Fragen der Botanik, der Geologie, der Planetenkunde, wie er es nannte, beschäftigte. Von Beruf war er Arzt in einem kleinen Dorf im Kärntner Katschtal, und ich war als Kind immer wieder dort, um mein Asthma auszukurieren, das ich mir im grauen Nachkriegs-Braunschweig und in einem Kindergarten bei prügelnden Kindergärtnerinnen und rumprügelnden Kindern als unterster in der Hackordnung geholt hatte. Drei Tage ging ich in den Kindergarten, dann nie mehr. Hartnäckig aber blieb mein Asthma. So kam ich nach Kärnten, wo die Luft besser, die

Berge hoch und die Täler eng waren. Mein Großvater ließ sich davon nicht den Horizont begrenzen. Mit siebzig praktizierte er noch, lernte nebenbei Französisch, pflanzte hinter seinem Haus Bäume und träumte von einer Weltreise. Er wollte Sibirien noch einmal (als kriegsgefangener Arzt war er sechs Jahre lang in Lagern bei Dauria und Kansk gewesen) und Südamerika, insbesondere Patagonien, bereisen. Ich begleitete ihn auf seinen Wanderungen zu den Patienten, und wenn er von den düsteren Krankheiten sprach, schwang in den Worten Selbstbewußtsein, daß er – trotz seines Alters – diese Krankheiten nicht hatte. Ich war stolz, neben ihm zu gehen, die Gatter für ihn zu öffnen und an den Quellen zu trinken, die er mir zeigte. Zum Beispiel am Fuß eines Lärchenwaldes hoch über dem Tal, fast aus dem Wurzelwerk heraus sprang das Wasser. Er setzte sich neben mich, packte die Jause aus und reichte mir eine von den Käseecken, die er auf seinen Wanderungen immer dabeihatte. Mit ihm wollte ich gehen, auch wenn es mir nicht leicht fiel, ich müde oder durstig wurde und Seitenstechen bekam.

Er erzählte von Südamerika und Patagonien, als sei er dort gewesen, und erst später wurde mir klar, daß es wohl Saint-Exupéry war, der ihn zu seinen patagonischen Träumen inspiriert hatte. Ich konnte mir weder unter Patagonien noch unter Sibirien etwas vorstellen, allerdings verglich ich die Worte meines Großvaters mit der Landschaft, die mich umgab, also Bergen, steilen Bergflanken, Geröllwiesen, Bergbächen und Hochwäldern. Ich dachte mir, so in etwa muß es in Sibirien oder auch in Patagonien aussehen, so wie hier in den Bergen. Aber vielleicht größer, unbewohnter und so, daß man freier atmen und leben konnte.

Einmal sprach mein Großvater über die Reise ans Ende der Welt, die nach seinen Worten nur nach Patagonien führen konnte. Ich stellte mir das Ende der Welt konkreter vor, etwa dort, wo sich im hinteren Bereich des Tales die Berge zusammenschoben, ein Talschluß, in dessen Richtung wir oft zu Fuß unterwegs waren. Nie sah ich das Talende selbst, hörte aber das Rauschen des Wassers, das von dort kam. Es war das Quellgebiet des Bergbaches, an dem meine Großeltern wohnten. Und wenn ich im Bett noch einige Minuten wach lag, das Wasser gurgeln und rauschen hörte, so kam mir das Ende der Welt in den Sinn. Dort also – stellte ich mir vor – war das Ende der Welt. Und dieser Ort trug einen magischen Namen: Patagonien. Meine Vorstellung von Patagonien entstand halb im Schlaf und in der Abgeschiedenheit eines Kärntner Dorfes. Und mit dem Wasser ging ich auf Reisen, zu der Region des Windes, dort, wo er herkommt und um die Welt weht, zum Sand, der sich uferlos von einem Horizont zum anderen erstreckt, und zu den Sternen, die einen Kranz aus Distelblüten um die Welt legen, dorthin – und ans Ende der Welt. Das war ein magisches Wort für mich. Patagonien lockte. Und wenn ich mir so die Worte zurechtlegte, verschwand das Asthma, verschwand die Angst, verschwand, was mich bedrückte.

In der Schulzeit erzählte ich niemandem davon. Patagonien, lernte ich, war ein Teil Südamerikas. Das Wissen machte die Sache allgemeiner, und ich begann, mich für andere Dinge zu begeistern. Aber immer hatte es mit Reisen zu tun. Ich kann mich entsinnen, daß ich, als ich zehn oder elf Jahre alt war, mit meinem kleinen Bruder eine Fahrradtour um die Welt geplant (und im Diercke-Atlas Station für Station markiert hatte), und selbstverständlich führte meine Route auch durch Patagonien, denn ich wollte keinen Teil der Welt auslassen.

Patagonien verschwand nie ganz aus meinem Gedächtnis. Es blieb die Vorstellung vom ›Ende der Welt‹ und daß es etwas ganz besonderes sein müßte, dorthin zu kommen. Mein Großvater starb, ohne die Weltreise gemacht zu haben und hinterließ mir ein paar Bücher: Paustowskis ›Erzählungen vom Leben‹ und Saint-Exupérys ›Wind, Sand und Sterne‹. Ich stieß bei meiner erneuten Lektüre auf Patagonien, und sofort war wieder die Neugier geweckt, und ich erinnerte mich an die Vorstellung meiner Kindertage, als das Ende der Welt ein Talschluß in Kärnten gewesen war. Später erschien das Buch ›In Patagonien‹ von Bruce Chatwin, das mich in der Vorstellung bestärkte, daß es dieses ›Ende der Welt‹, das Patagonien offenbar darstellte, tatsächlich gab. Es lohnte sich, davon zu erzählen. Auch wenn ich kein so genauer und vielseitiger Erzähler wie Chatwin bin, auch wenn ich nur wie ein Tourist das Land durchstreifte, meine Neugier, meine Sehnsucht war erst dann gestillt, wenn ich selbst dort war und selbst von allem erzählen konnte.

Ich fand Walter, den freundlichen Reisegefährten, der Lust hatte, mitzufahren und der mir mit seinen guten Spanischkenntnissen zur Seite stand.

Zwischen Tango und San Telmo

Unsere Reise begann in Buenos Aires – im Büro der staatlichen Nationalparks. Ein weißhaariger Mann mit beweglichen, hellen Augen breitete Karten vor uns aus und zeigte, wo die Nationalparks liegen. Valdés, Punta Tombo, Los Glaciares weiter im Süden, die Magellanstraße und Feuerland. Aus einer Schublade holte er einige Merkblätter heraus, die weniger für Touristen als für Mitarbeiter oder Forscher waren. Zwischen den Papieren fischte er nach einem Bleistift und zeichnete Schraffuren dorthin, wo es sich seiner Meinung nach lohnen könnte: lobos (Seehunde), pinguinos (die im Winter jedoch die Küste verließen), elephantes marinos (die er auch ›Senores‹ nannte) und ballenas (Wale) – vielleicht beim Liebesspiel. Er zwinkerte uns zu.

Immer, wenn jemand den Raum betrat, stand er auf, begrüßte ihn mit einer Umarmung und klopfte ihm kräftig auf den Rücken. Mit der Zeit füllte sich der Raum, und das laute Rückenklopfen dröhnte in meinen Ohren. Es waren Freiwillige, die sich bei ihm versammelten. Junge Männer mit traurigen Augen und dichten, schwarzen Bärten. Er stellte einige mit Vornamen vor: Julio, Elias, Raimundo und Hector. Ihre ›profession‹, wie der Weißhaarige uns auf Englisch erklärte, hatte mit romantischer Naturverbundenheit wenig zu tun. Oft mußten sie monatelang allein in Feldhütten oder feuchten Zelten leben. Das hielten nicht alle aus. Manche wurden ›loco‹, wie er sagte, verrückt.

Ein junger Mann drehte sich zu mir um. Seinen Bart trug er gestutzt, die dunklen Augen hatten die Farbe von Basalt, und er sah mich an, als hätte er eine Überraschung für mich. Er sprach makellos Deutsch, aber anfangs leise und ein wenig zögernd, so daß ich genau hinhören mußte, zumal der Weißhaarige nicht aufhörte, lautstark auf weitere Rücken zu klopfen. Der junge Mann lächelte beim Sprechen.

In Clausthal-Zellerfeld im Harz hatte er studiert, und sein Lächeln blieb, als er vom Brocken sprach, und der Wanderung, die er mit deutschen Freunden dort hinauf gemacht hatte – kurz nach dem Fall der Mauer. »Wir waren die ersten, die das militärische Sperrgebiet betreten durften: Unterstände und Bunker mit Antennen und Radaranlagen. Als ob jeden Moment der Krieg losgehen könnte. Zwei Soldaten haben uns herumgeführt und uns alles gezeigt.« Dann wurden seine Augen schmal, sein Kopf näherte sich meinem, und er rief: »Aber das Waldsterben!« Jeder im Raum verstand das Wort, und alle waren still. Ich rührte mich nicht vom Fleck und sah an seinem Gesicht vorbei auf die kahle Wand.

»Ich war noch nie auf dem Brocken und im Harz auch nicht«, sagte ich wie zur Entschuldigung. Aber unangenehm war es mir schon, ich hatte den Eindruck, er wollte mir sagen, wie unachtsam man bei uns mit dem Wald umging, ganz anders als hier.

Die Karten und Blätter steckten wir ein und verabschiedeten uns. Der junge Mann rief noch auf deutsch: »Tschüß – und Hals- und Beinbruch.«

Draußen die Riesenstadt. Das Schachbrettmuster, nach dem sie angelegt ist, erzeugt eine Art Labyrinth aus stets gleichartig wirkenden Kreuzungen und Straßenzügen. Ich ging die langen Avenidas hinauf und hinab, betrat die Straßen, wenn mir Fußgänger entgegenkamen, denn die Trottoirs waren schmal und oft mit zerbrochenen Platten bedeckt. Am Abend brannten die Fußsohlen von den langen Märschen durch die Straßen. Das kühle Winterlicht dämpfte die Schatten, und Staub und Dieselgestank erfüllten die Luft. Die Portenos, die Bewohner von Buenos Aires, trugen dicke Schals. Jetzt war Winterzeit.

Sie gingen nicht, sie hasteten. Hier im Zentrum, nicht weit vom Plaza de Mayo, gleicht die Stadt Paris oder Rom, aber schon die Lage am Meer zeigt den Unterschied. Die Straßen führen vom Ufer hügelaufwärts, und die Stadt scheint wie mit dem Rücken zum Meer gebaut. Eng stehen die Hochhäuser, es gibt Straßenschluchten wie in New York. Den Hochhäusern fehlt aber der New Yorker Glas- und Geldglanz, viele sind grau und alt, vor vierzig oder fünfzig Jahren gebaut und nie renoviert worden, Taubendreck türmt sich auf den Simsen.

Aber hier, war das nicht der Boul' Mich, wenigstens eine Ecke davon oder dort, die Rue de Rivoli? Und diese breite Prachtstraße, Avenida 9 de Julio, woran erinnert sie, welchen Aufmarsch-Avenuen war sie nachgebaut? Und doch ist wieder alles ganz anders.

Don Quijote wurde ein Denkmal errichtet, und ein Stadtviertel heißt Palermo, es gibt den Englischen Uhrenturm, aber auch die Straßen Tucúman, Bolivar, Maipu und Cochabamba. Eine Stadt aus spanischen, italienischen, englischen und lateinamerikanischen Versatzstücken. Eine Stadt wie aus der Erinnerung an Europa in den Steppensand der Pampa gesetzt.

In der Calle Florida, einer Fußgängerpassage im Herzen der Stadt, tippte mir jemand auf die Schulter. Ich drehte mich um, und ein älterer Herr mit Baskenmütze und einem schwarz-braunen Schal grüßte mich. Er lächelte, als würden wir uns kennen. Ich nickte zurück, gerade wie einem Nachbarn zu. Später entdeckte ich ihn, als er sich die schwarzen Lederschuhe von einem Schuhputzer polieren ließ. Aber da war ich Luft für ihn.

In einem Straßencafé im Tangoviertel La Boca deutete der Wirt auf das Bild von König Juan Carlos, das über der Theke hing und sagte: »Ich bin Spanier.« Dabei hatte er zuvor erzählt, daß er aus dem Süden in die Stadt gekommen war und hier schon seit über vierzig Jahren lebte. Bei dem Wort Patagonien zog er die Schultern hoch.

Später im Bus schaute ich in den Stadtplan. Ein Mann im Anzug mit einem runden, blassen Gesicht und pechschwarzen Haaren fragte mich, wohin ich wollte. Ich sagte, Tucúman, weil ich wußte, daß die Straße in der Nähe meines Hotels lag. Er antwortete mir in makellosem Englisch, daß die Straße noch ein paar Stationen entfernt sei und daß er dort auch aussteigen müsse. Als der Bus hielt, sprang er heraus und blieb noch ein wenig an der Haltestelle stehen, um mit mir zu reden. Er stellte sich mir als Senor Bollester vor, Oficial del Banco. Als er das Ziel meiner Reise hörte, lächelte er und sagte nur, dort sei es kalt und trostlos. Ich antwortete, ich sei dennoch neugierig. Zum Abschluß gab er mir seine Visitenkarte und bat um einen schön frankierten Umschlag für seinen Sohn. Ich versprach es ihm, lehnte aber das Geld ab, das er mir dafür geben wollte. Zum Glück, denn ich verlor seine Visitenkarte. Die Skepsis, mit der er mich betrachtet hatte, bestätigt sich nun. Wer nach Patagonien will, ist ein komischer Vogel und unzuverlässig dazu.

Im Trödlerviertel San Telmo winkte mich ein Antiquitätenhändler an seinen Stand und hielt mir eine lange Schublade mit Postkarten unter die Nase. Viele stammten aus der Tschechoslowakei, aus Ungarn und aus Österreich und waren mit roten oder blauen Kaiser-Franz-Josef-Marken frankiert. Ich fächerte sie auf und suchte nach einem Gruß Josef Roths oder einer Karte Franz Kafkas. Schließlich fand ich eine aus Prag, abgestempelt am 18. März 1948. Eine Karte zum Osterfest: ›Vesele velikonoce!‹, und die Wünsche waren an einen Francisco Materna adressiert und von einem Tonicek aus Prag unterschrieben. Ich kaufte sie für einen Peso.

Borges gibt es laut Telefonbuch über hundert Mal in Buenos Aires, der Name des berühmten Erzählers ist hier so verbreitet wie bei uns der Name Strauß oder Schubert. In einem Antiquariat, direkt neben dem Stand des Postkartenverkäufers, fand ich Edgar Allan Poes Geschichten ins Lettische übersetzt.

Auch im Parque Lezama Antiquitätenstände. Junge Männer standen gelangweilt dabei und hatten ihre Hände in die Manteltaschen gesteckt. Flohmarkt-Atmosphäre. Bücher, alter Schmuck, Besteck in abgegriffenen Samtschatullen, blindgelaufenes Silber, Eierlöffel aus Horn und Kämme aus Schildpatt, Parfumzerstäuber und schneeweiße Spitzen. Eine Frau verkaufte bunte Stofftiere aus Taiwan und Hongkong. Popcornstände und Hot Dog-Wagen säumten den Eingang des Parks. Europa, Asien und Amerika mischten sich.

Die Sonne schien, und es war Nationalfeiertag. ›Azul y Blanco, Azul y Blanco‹ riefen die Fähnchenverkäufer durch den Park und hatten auf kleinen, improvisierten Ständen das ganze Repertoire der staatlichen Hoheitszeichen ausgebreitet: Fähnchen zum Anstecken, Schleifen für den Mantel oder den Anzug, Fahnen zum Schwenken und das Nationalwappen in Blech.

Ein kleiner Junge stand neben seinem Vater, hielt die blau-weiß-blaue Fahne in der Hand und weinte. Die Fahne zeigte zu Boden und war voller Flecken. Mit ernster Miene strich ihm der Vater über die Haare und sprach leise auf ihn ein. Der Junge weinte immer noch, und die Fahne sank tiefer und tiefer.

Zurück ins San Telmo Viertel. Alle Passagen und Eingänge waren unterteilt in Stände, auf denen der Trödel ganzer Epochen lag. Selbst die Hinterhöfe gaben Platz für die Dinge versunkener Zeiten, und wo noch ein Zwischenraum war, stand ein Tisch oder lagen alte Teppiche. Die einen Händler hatten sich auf Möbel, die anderen auf Schmuck oder Blechspielzeug, auf Besteck oder Lampen spezialisiert. Dazwischen immer wieder Bücher- und Postkartenstände.

Als ich Hesses ›Demian‹ (Dritte Auflage von 1924) zurückgebe, ist der Händler enttäuscht. Ich zucke bedauernd mit den Schultern. Mich hatte nur interessiert, aus welcher Bibliothek das Büchlein stammte. ›Senor Alfredo Tetzner‹ stand in markanten Schnörkeln auf dem Vorsatzblatt.

An den Schriftbögen war das Schreibvergnügen abzulesen: eine englische Schreibfeder, wie sie hier noch immer verkauft wird, und schwarze, selbst zubereitete Tinte. Der Schrift nach ein energischer Mann, vielleicht ein Kaufmann oder der Repräsentant einer Reederei, der am Abend den ›Demian‹ las.

Wer das Ohr anlegte, hörte Geschichten.

Während ich die Passage verließ und die Avenida Bolivar hinunterging, sah ich wenige Autos, aber viele Fußgänger. Selbst im Winter sind die Portenos am liebsten draußen, spazieren in den Parks oder sitzen vor den Cafés und lesen Zeitung.

Ich überlegte, ob es jenen Francisco Materna wohl noch gab, dessen Karte ich nun besaß. Er hatte (zumindest damals) in der Avenida Gutierrez 541 gewohnt und war jetzt 42 oder 43 Jahre älter. Welche Geschichte erzählte die Postkarte?

In der Hauptpost, einem dunklen, an einen viktorianischen Bahnhof erinnernden Steinpalast mit brusthohen Marmortheken und alten Eisenwaagen, sprach mich ein Indianer an. Er hatte ein flaches, rundes Gesicht und war der erste Indianer, den ich in Buenos Aires überhaupt sah. Seine elfenbeinfarbene Gesichtshaut und seine Bartlosigkeit gaben ihm etwas Jungenhaftes, die harten, dunklen Augen, die scharf geschnittenen Gesichtszüge dagegen wirkten unergründlich.

Er bot mir Maté-Tee an, den er in kleinen Kesseln vor sich aufgereiht hatte. Silberne Röhrchen steckten in den kugelförmigen Behältern, und aus einer großen Thermoskanne ließ er per Knopfdruck dampfend-heißes Wasser strömen.

Hin und wieder kam ein Kunde an seinen Tisch, gab ihm ein paar Münzen, nahm eines der Kesselchen in die Hand und trank, indem er aus einem silbernen Rohr den Tee hochsaugte.

Der Indianer packte frische Mundstücke aus einer Plastikhülle aus und reichte sie über den Tisch. Wenn er einen neuen Kessel ansetzte, zog er ein Cellophantütchen aus seinem Ärmel und schüttete den Tee in das heiße Wasser. Schweigend streckte er mir ein Kesselchen hin, ich nahm das Mundstück umständlich zwischen die Lippen. Ich schwitzte schon, bevor ich überhaupt einen Schluck tat. Den Pesoschein, den ich ihm geben wollte, lehnte er ab. Tapfer saugte ich. Die Zunge wurde mir pelzig, und ich wollte ausspucken, aber schluckte und schluckte. Halbvoll gab ich den Kessel zurück.

Unten am Hafen drängen sich ein- und zweistöckig die Häuser der italienischen Einwanderer. Rot, blau und gelb leuchten die Fassaden und künden von der Erwartung und der Lebensfreude, mit der die italienischen und spanischen Familien hierher kamen. Die Fenster dieser Häuser sehen, im Unterschied zu den anderen Fenstern der Stadt, direkt auf das Meer. Heimweh mag mitgespielt haben. Auch die Farben erinnern ans Mittelmeer: blau wie der Himmel, rot wie die Erde und gelb wie der Weizen.

Im Caminito stellen lokale Künstler ihre Aquarelle und Kohlezeichnungen aus. Fast ausschließlich Tangomotive: der Herr mit harten Gesichtszügen, die Dame nach hinten gebogen. Der Tango war die Antwort auf die triste und graue Vorstadt am Rande der Pampa, war ein Abschied und ein Anfang: wild, voller Lebensgier und melancholisch in einem. Ich betrachte das bunte Relief an der Wand eines Hauses – hier soll der erste Tango getanzt worden sein. Eine andere Gedenkplatte erinnert an Carlos Gardél, Argentiniens größten Tangosänger. Seine Stimme überlebte auf alten Schellackplatten. Wenn er singt, wird es ruhig in den Kneipen und Cafés um den Hafen herum, und eine Spannung breitet sich aus. Es knistert in der Luft. Ein Seufzer, ein Pfiff oder ein Fingerschnippen fährt dazwischen, und das allgemeine Palaver beginnt wieder. Carlos Gardéls Tangos zeigen, wer man in Wirklichkeit ist, ein Porteno mit seinem Stolz und seinem Körper, Mann oder Frau.

Jenseits des Caminito und hinter den bunten Fassaden ein wintergraues Bild. Kopfsteinpflaster mit seifigen, übelriechenden Abwässern im Rinnstein, Mülltüten auf der Straße und Autowracks, die unter blattlosen Platanen rosten. Auch die Häuser haben alles Pittoreske abgelegt. Armut und Verlassenheit zeigen sich.

Der Abend ist die Zeit der Diebe. Die alte Diebesregel – tue so, als ob du helfen willst, wiege dein Opfer in Arglosigkeit und Unschuld – gilt auch hier.

Am Plaza Alvear, nicht weit vom Museo Nacional de Bellas Artes entfernt, sprach mich ein junger Mann an. Der Platz lag im späten Sonnenlicht, hell und ohne Schatten. Der junge Mann behauptete, die Hinterlassenschaft eines Vogels klebe auf meinem Anorak. Walter, mein Reisegefährte, stellte seine Fototasche zu Boden, auch ihn sollte der Vogel getroffen haben. Alles in dieser Stadt hatte zwei Bedeutungen. Nichts war eindeutig. Ein untersetzter Kerl sprang hinter einem Baum hervor und versuchte, Walters Fototasche an sich zu reißen. Sein Kompagnon, der eine Sekunde zuvor noch honigsüß gelächelt hatte, riß an meinem Anorak. Aber wir hatten Glück! Passanten erreichten den hellen Platz und vertrieben mit lauten Rufen die Ganoven. Später erzählten mir andere Reisende unzählige Varianten dieses uralten Tricks.

Alles hat auch eine andere Bedeutung. Es gibt die Portenos, die Bewohner von Buenos Aires, die spanische, italienische oder slawische Gesichter haben. Sie sind schon ein Stück weit einheimisch und Europa sehr fern. Einem anderen Klima, einer anderen Landschaft ausgesetzt. Man schaute nach Europa, aber baute schon in das fremde Land hinein und vom Meer weg.

Ich hatte eine Geschichte und suchte nach einem Gesicht. Es war die Geschichte des Senor Dahlmann, der eine Sepsis übersteht, um dann fern der Stadt, irgendwo unter freiem Himmel und im Verlauf einer Messerstecherei mit einem Gaucho zu sterben. Borges erzählt dieses Schicksal in der Geschichte ›Der Süden‹. Im Café des Retiro-Bahnhofs hielt ich Ausschau nach jemandem, der Senor Dahlmann – so wie ich ihn mir vorstellte – gleichen konnte. Von einem Bahnhof (dem Bahnhof Constitucion, Borges ist da sehr genau) fuhr Dahlmann in den Süden. Jeder dieser Männer, die hier mit ihren Koffern und Taschen vorbeikamen, mit Zeitungen unter dem Arm und schmalen Gesichtern, die auch noch im Winter sommerlich gebräunt wirkten, konnte es sein. Niemand war es. Ich sah einen Mann, der eine Zeitung aufschlug und einen Artikel herausriß. Den Rest der Zeitung schmiß er weg. Er nahm den herausgerissenen Artikel, strich ihn glatt und verstaute ihn sorgfältig in seiner Brieftasche. Konzentriert und in raschen Schritten steuerte er den Bahnsteig an, öffnete die Tür eines Waggons und verschwand darin.

Fähr- und Flugstationen

Wir brachen in der allerersten Frühe auf. Es war noch dunkel, und niemand im Hotel war wach. Der Taxifahrer ließ die Reifen an den Bordstein schrammen, stieg langsam aus und betrachtete uns mit stummer Gleichgültigkeit. Vor unseren Mündern standen Atemwolken, kalt war die dunkle Stadt. Die Scheinwerfer des Taxis beleuchteten die Eingangstreppen des Hotels. Der Fahrer riß den Kofferraum auf, aber tat keinen weiteren Handgriff. Das war der Morgen der Reise ans Ende der Welt: die Nacht, die Kälte, der Aufbruch.

Die Schattenstadt flutete vorbei. Häuser hoben sich in den schwarzen Himmel, Fassaden traten kurz hervor, öffneten sich zu dunklen Passagen, bildeten Ecken und lange, vom spärlichen Licht der Straßen beleuchtete Schluchten. Der Mann hielt sein Fahrzeug konstant auf Tempo 70, keine Ampel vermochte ihn zu bremsen und wie auf wundersame Weise sprang sie immer dann um, wenn unser Wagen die Kreuzung passierte. Sein Auto, ein Falcon (der argentinische Nachbau eines nordamerikanischen Modells) besaß die Ausstattung der sechziger Jahre: durchgehende Sitzbänke und die Schaltung am Lenkrad. So wie wir schwiegen, schwieg der Fahrer. Zum Flughafen hin wurde der Verkehr dichter, die Häuser traten zurück, und rechter Hand breitete sich tintige Schwärze aus, die nur von ein paar Lichtpunkten durchbrochen wurde.

Dort lag das Meer, das auf den Karten den Namen Rio de la Plata trug. Der Atlas belehrte mich, daß hier die Flüsse Paraná und Uruguay in den Atlantik münden und eine flache, trichterförmige Bucht bilden. Sie wurde wegen ihres geringen Salzgehaltes einst Mar Dulcis genannt. Nachdem die Spanier die Bucht für die Krone erobert hatten, nannten sie das Meer auf beiden Seiten

Mar del Plata. Von hier aus sollten die Silberladungen nach Spanien gehen, um dort jedermann zu zeigen, welche Schätze dieser sagenhafte Kontinent Amerika besaß.

Wir kamen an einer Fährstation vorbei. Tag und Nacht legten die Fähren von Montevideo hier an. Der Fahrer stoppte sein Fahrzeug, stieg aus und sagte uns, er müsse irgendwelche Papiere holen. Wir blieben im Fond des Fahrzeugs sitzen. Große LKWs rollten aus dem Tor und bogen in die Straße ein. Im hell erleuchteten Inneren der Station schliefen die Menschen auf Stühlen und über ihre Koffer gebeugt. Ein Kellner lehnte an der Theke und blickte traurig nach draußen. Die Station lag jenseits der vom Gras überwucherten Gleise, und wir hörten das Scheppern der Aufbauten, wenn die Laster über die Gleise fuhren. Ein Niemandsland am Rande des Hafens, in dem der alte Ziegelbau mit der viktorianisch anmutenden Fassade wie eine Zitadelle wirkte. Das Erdgeschoß war verandaartig erweitert und bot so dem Café und den Wartenden den nötigen Platz. Angestrahlt von Scheinwerfern stand in weißen Plastiklettern auf dem Dach: ›Al Uruguay en 50 Minutos‹.

Ich hatte bei meinen Vorbereitungen auch ein Buch in der Hand gehabt, das den Krieg um Uruguay beschrieb. Brasilien, las ich da, hatte Uruguay für sich beansprucht und war mit Truppen einmarschiert. Der Diktator Paraguays, Francisco Solano Lopez, fühlte sich bedroht und versuchte, den damaligen argentinischen Präsidenten Bartolome Mitré – das alles geschah vor über hundert Jahren – auf seine Seite zu ziehen. Lopez wollte Brasilien im Süden angreifen, um dadurch den Eroberern den Rückzug abzuschneiden. Mitré aber verweigerte den Durchmarsch. Solano Lopez hielt sich für stark genug, alles auch im Alleingang zu schaffen. Seine Truppen marschierten in die argentinische Provinz Corrientes ein, und der Diktator schuf sich so zwei Feinde auf einmal: Argentinien und Brasilien.

Die bittere Geschichte des Krieges begann.

Es kam zu blutigen Gemetzeln. Die Truppen von Solano Lopez plünderten die Landstädte und Estancias in den Grenzregionen von Argentinien und Uruguay. Die Brasilianer marschierten in Paraguay ein und hausten dort ganz ähnlich. Der Krieg wurde, wie es in dem Buch über den Konflikt hieß, zu einem ›Alpdruck für alle beteiligten Länder‹. Die Feindseligkeiten zogen sich hin.

Erst als argentinische Truppen Solano Lopez in einem entlegenen Tal Paraguays entdeckten (vermutlich war es Verrat), ihn erschossen und seine Paladine in Asuncion vor Erschießungspelotons stellten oder an die Torbögen der Haciendas am Rande der Stadt knüpften, wurden die Feindseligkeiten beendet, und der Krieg war vorüber. Seit jenen Tagen, als Truppen nach Montevideo hin und Verletzte nach Buenos Aires zurück geschafft wurden, verkehren die Fähren. Vielleicht wurde das Fährhaus schon damals errichtet oder ein paar Jahre später unter Präsident Sarmiento, der aus Argentinien einen modernen, europäisch gesinnten Staat machen wollte. An diesem Morgen war alles friedlich und still. Einige Männer waren in Mäntel gehüllt, die an militärische Umhänge erinnerten.

Der Taxichauffeur stieg wieder ein, trat auf das Gaspedal und schaltete blitzschnell in den dritten Gang. Die Nadel zitterte über der Zahl 70, und mein Blick fiel auf das Bild der heiligen Jungfrau, das auf dem Armaturenbrett befestigt war.

Die Gegenwart der Jungfrau erlaubte die waghalsigsten Fahrmanöver. Neben dem Bild war ein Zählkasten angebracht, dessen Ziffern, wie wir dachten, den Preis unserer Fahrt angaben. Aber keineswegs. Es war ein Kasten, der nur dazu diente, dem Reisenden aus den technisierten, rationalistischen Sphären der Welt Gewißheit zu vermitteln. Gezahlt wurde dann nach irgendeinem Nachttarif, den der Fahrer uns mürrisch klarmachte. Vom Meer her tanzten dünne Nebelschleier, und es war noch dunkel, als der Wagen vor die Empfangshalle rollte. Ich las den Namen des Flughafens: Aeroparque Jorge Newberry.

Im Oktober des Jahres 1929 hatte Saint-Exupéry in Buenos Aires eine neue Stelle angenommen. Seine Aufgabe bestand in der Einrichtung einer regelmäßigen Flugpost-Linie, die auch die entlegensten patagonischen Orte mit Post versorgen sollte. Noch nicht einmal dreißig Jahre alt, war er zum Betriebsdirektor der Compagnie Aeropostale Argentina geworden. Dabei flog er auch selbst, unternahm Erkundungsflüge nach Patagonien und erreichte die windumtosten Anden südlich des 50. Breitengrades. Das alles ohne die Hilfe von Funkfeuern und genauen Fliegerkarten. Zuvor war er Direktor des Flughafens von Cap Juby an der Atlantikküste von Spanisch Sahara (Rio de Oro) gewesen. Mitten in einem Aufstandsgebiet hatte er den Flughafenbetrieb und die Flugverbindung Paris – Rio und Paris – Buenos Aires am Leben gehalten. Als er nach Buenos Aires kam, empfand er die Aufgabe eher als Erholung. Aber beim Fliegen in die äußerste Südzone des amerikanischen Kontinents mit seinen tückischen Winden und plötzlichen Wetterstürzen wurde ihm das fliegerische Wagnis dieser Routen bewußt.

In Buenos Aires schreibt er den Roman ›Nachtflug‹. Ein Buch, das einem neuen Mythos huldigt, dem des Fliegers. In der Figur des Rivière schafft er den Pionier, der einer Vision folgt. Der Mensch hat eine Aufgabe, die er unbeirrt erfüllen muß. Die Einrichtung und Aufrechterhaltung der Flugrouten in den Süden Patagoniens ist wichtiger als das individuelle Einzelschicksal seiner Piloten. Auch wenn es Opfer kostet. Der Titel des Buches deutet auf den Wagemut hin. Um die Postverbindungen zu beschleunigen, wollte man auch bei Nacht fliegen. Was in Europa schon ein Wagnis war, wurde hier zur großen Bewährungsprobe. Nachts konnte man ausschließlich nach den Instrumenten fliegen, und die Instrumente waren ungenau und fehlerhaft. Mermoz, im ›Nachtflug‹ trägt er den Namen Pellerin, schafft es als erster: Am 16.4.1928 fliegt er die Strecke Rio – Buenos Aires bei Nacht und wird damit zum Pionier des Nachtflugs. Nicht in der Freiheit bestehe das Glück, sondern in der Hingabe an eine Pflicht. Das ist die Haltung der Nachtflieger.

Ich weiß noch, wie zwiespältig mir solche Worte vorkamen, und doch las ich die Bücher wie von einem seltsamen Sog erfaßt. Rivière und damit der Autor schienen mir in ihrem Pflichtbewußtsein gefangen zu sein. Ihre Treue zu einer Aufgabe forderte ein Opfer, und sie waren bereit, dieses Opfer zu bringen. Das Buch kam – wie ›Wind, Sand und Sterne‹ – aus der Bibliothek meines Großvaters. Mich faszinierte die feierlich-melancholische Sprache und die Beschreibungen von Nacht und Unwetter. Namen tauchten auf: Punta Arenas, Commodoro, Trelew und Bahia Blanca. Die Existenz dieser Orte hatte ich in den Romanen kennengelernt, und hier am Flughafen leuchteten die Namen an der Informationstafel in rot blinkender Leuchtschrift auf.

Von Chatwin wußte ich, daß sein Interesse an Patagonien schon als Kind durch das seltsame Fellstück eines Mylodons ausgelöst wurde. Seine Mutter gab es als ein Stück Haut des letzten Brontosaurus aus. Ein Onkel, der als Kapitän Südamerika umrundete, hatte es in Patagonien gefunden und der Großmutter geschickt. Irgendwie war es auf den Kaminsims der Familie geraten und hatte dort die Phantasie des Kindes entzündet. Später ließ sich jener Kapitän nach einem Schiffbruch in der Magellanstraße in Punta Arenas nieder und eröffnete eine Schiffsreparaturwerkstatt. Chatwin erzählt viel von diesem faszinierenden Mann und welche Bedeutung er für die Pläne des Knaben hatte, sein Leben anders zu gestalten und nicht Angestellter in Birmingham zu werden. Am Ende seiner Patagonienreise besuchte Chatwin die Höhle des Mylodons bei Puerto Natales und fand tatsächlich ein Pendant zu seinem Hautstück: ›Ich zog es heraus, legte es in einen Umschlag und setzte mich auf die Erde, unendlich zufrieden. Ich war am Ziel dieser lächerlichen Reise angekommen.‹

Buenos Aires erinnerte ihn an Rußland, ›die mit Antennen gespickten Fahrzeuge des Geheimdienstes, Frauen mit breiten Hüften, die in staubigen Parks Eis schleckten...‹ Bevor er nach Patagonien aufbrach, besuchte er das ›beste Naturhistorische Museum Südamerikas‹ in Bahia Blanca und sah neben dem Porträt von W.H. Hudson die Überreste des Riesenfaultieres: Mylodon listai. Dann nahm er den Nachtbus nach Süden.

Ich flog einer vagen Vorstellung entgegen, ich reiste mit einem Gefühl von Glück und Schwindel (Borges).

Die Stadt im Landmeer

Der Flughafen von Trelew lag weit außerhalb der Stadt, mitten im braunen Präriegras der patagonischen Steppe. Als das Flugzeug aufsetzte, sah ich Sand- und Staubwirbel rechts und links der Landebahn. Die Büsche und Graspolster wurden vom aufgewirbelten Sand überschüttet und schienen darin zu ertrinken. Kühle, blasse Strahlen drangen vom blanken Himmel herab, Licht, zu dem aber keine Schatten gehörten. Dünne Zirruswolken bedeckten den Himmel.

Viele waren es nicht, die hier in der patagonischen Steppe ausstiegen. Ein paar Patagonienreisende (wie wir), ein älteres Ehepaar, Kinder, die aus einem Internat zurückkehrten.

Die Pinguinverkäufer hatten ihre Buden geschlossen, aber hinter staubigen Glasscheiben sah ich Pinguine in Keramik, in Glas, aus Holz, als Aschenbecher, Flaschenöffner oder als Sticker für die Autoscheibe, Pinguine in allen Größen und Varianten, immer das gleiche schwarzweiße Frackkleid auf Brust und Bauch. Neben den Pinguinen konnten sich einzig noch die Wale behaupten, grinsende, fröhliche Wale aus Plüsch und Ton, auf Fahnen und Abziehbildern. Hier rechnete man mit Gästen aus aller Welt. Patagonien war eingebunden in die weltumspannenden Besucherströme, die rastlos die Kontinente durchquerten, um die letzten Tiere ›in freier Wildbahn‹ zu sehen. Das Ende der Welt war anderswo.

Der Wind traf uns Ankommende schon beim Aussteigen, prall standen die Windsäcke außerhalb der Landebahn im Wind. Draußen einige Autos, kleine Fiats und Nissans, die rasch davonrollten. Die Kinder wurden von ihren Eltern in die Arme genommen und abgeküßt, und das alte Ehepaar holten zwei Frauen in Pelzmänteln ab. Der Parkplatz war nun leer, auf dem Flugfeld dröhnte die startende Maschine, und dann war es plötzlich still. So lange, bis ein anderer, zunächst kaum auffallender Ton dem Ohr vertraut wurde. Kein Pfeifen, kein Summen, eher ein beständiges und leises Zwitschern. Ich bekam es nicht aus dem Ohr und ›hörte‹ den Wind bald gar nicht mehr.

Zäune bemerkte ich, um den Flughafen herum, entlang der Straße und quer durch die Steppe – Zäune. Zäune teilten das Land, kamen von einem Horizont und zogen zum nächsten, Zäune, die das Land wie Linien aus Draht durchtrennten und markierten. Die Drahtschrift bestimmte den Sinn des Landes, war die Schrift der patagonischen Zivilisation und blieb nur dem rätselhaft, der hier als Fremder, Besucher, Reisender kam. Denn warum in aller Welt mußte dieses offene Land, mußten die freien Horizonte und Ebenen mit Zäunen geteilt werden?

Und was für ein Himmel hier war! Die Wolken erkannte ich zuerst gar nicht. Frostkristalle in großer Höhe zerstreuten das Sonnenlicht und schufen ein Milchglaslicht wie an Februartagen zu Hause. Zum Horizont hin wurde alles dichter und wolkiger und erhielt eine feine, türkisfarbene Tönung. Der Himmel war nicht aus einem einzigen Blau geformt, sondern aus tausend blassen, wässrigen Farben. Vom hellen Grau des Staubes bis zum milchigen Blau, vom kühlen Türkis bis zum verwehten Sandton der Wege reichte die Farbenskala. Sehr hoch schien der Himmel, hoch über dem Land. Eine helle, lichtgefüllte Kuppel, ein Zelt, das jeden Morgen neu aufgeschlagen wurde. Der Himmel nahm mich in seinen Bann, ich achtete nicht auf den Untergrund. Mein Kopf war beim Gehen leicht erhoben, und der Horizont lag in sehr, sehr weiter Ferne.

Der erste Impuls, Foto heraus und ein Bild, zwei Bilder, mehr Bilder, einen ganzen Film, nur den Himmel knipsen. Aber nein, das doch nicht! Ich wollte schreiben, die Eindrücke in Worte fassen, nicht Fotos sammeln. Ich packte meinen Fotoapparat wieder ein. Ein Mann kam mit seiner Frau aus dem Flughafengebäude und hörte sich schweigend die aufgeregte Erzählung der Frau an. Sie gestikulierte, und er sah zu Boden. Beide waren vielleicht um die fünfzig. Sie überquerten den Parkplatz und gingen in Richtung einer Ford-Limousine, die am Straßenrand mit aufgeblendeten Scheinwerfern stand.

Der Mann stieg in das Auto, öffnete von innen die Wagentür, die Frau zog ihren Pelzmantel aus und ließ sich in den Sitz fallen. Der Wagen wendete und rollte auf der Flughafenstraße davon. Sogleich verlor sich das Fahrzeug in der flachen meerartigen Weite, und nicht einmal die roten Rückleuchten konnte ich im Auge behalten.

Als Junge hatte ich von den phänomenalen Leistungen der Indianer gelesen (bei Cooper, bei Karl May?): Aus hundert Metern Entfernung vermochten sie noch die Zweige eines Strauches einzeln zu zählen, erkannten die Form der Blätter, und kein gebrochener Zweig entging ihrem Auge. Im ersten Moment bildete ich mir ein, ähnlich scharf sehen zu können. Dann aber versanken die Grasreihen zu einem dunklen Band über dem Sand, flach und topfeben war das Land, sandig und grau. Die Sträucher saßen wie Inseln darin. Ihre Wurzeln lagen zum Teil vom Wind freigeweht und wirkten schwarz und blank gerieben wie dunkle, seltsam geformte Knochen.

Am Flughafen hatten wir einen Mietwagen, einen weißen Fiat Spazio, genommen und fuhren auf der Ruta No. 3 in Richtung Norden nach Puerto Madryn. Die Nationalstraße war vollkommen leer. Ihr im Licht glänzendes Asphaltband zog sich zum Horizont und verschmolz dort mit dem Land, das in flachen Wellen auf- und abstieg. Der kühle und frostige Wind drückte immer wieder seitwärts gegen das Auto und trieb losgerissene Zweige, Grasbüschel und Plastikflaschen über die Straße.

Erst als wir uns Puerto Madryn näherten, wurde der Verkehr ›dichter‹, hin und wieder sauste ein Falcon oder ein betagter Ford Pick-up an uns vorbei. Die Fahrer grüßten uns mit der Lichthupe, sie freuten sich über die Begegnung.

Das Gras stand kniehoch, der Sand rieselte unter den Sohlen, irgendwo waren wir stehengeblieben, irgendwo zwischen Horizont und Horizont. Ich ging. Ich ließ das Fahrzeug zurück und ging, ging quer durch die Steppe. Das war also Patagonien. Es war anders, ganz anders als ich es mir damals, als der Begriff in mein Bewußtsein getreten war, vorgestellt hatte. Ein offener Raum – mehr nicht. Ein flaches, niedriges Land ohne Erhebungen unter einem großen und offenen Himmel. ›Offen‹ war überhaupt das entscheidende Wort hier. Ein freier Raum, Grenze und Horizont fielen in eins, und ich ging darin. Der Wind drückte mir entgegen, zwang mich, gegen ihn anzugehen und ihn immer wieder neu zu spüren. Aber wenn ich darüber nachdachte, konnte eigentlich das Ende der Welt nicht anders aussehen: ein flaches Stück Land, ein offener Himmel, kein Baum, kein Haus, kein Mensch.

Wenn sich der Wind beruhigte, war mein Gehen ein langsames Streifen über dem Sand. Die Disteln raschelten unter meinen Füßen, und die Dornen rissen an den Hosen; manchmal drangen die harten Spitzen durch den Stoff und trafen die Haut.

Ich beobachtete, wie der Wind immer wieder losgerissene Grasbüschel über den Sand wehte. Sie schienen geradezu über das Land zu hüpfen, von einer Sandkuhle zur nächsten. Einige trieben auch über die Straße und blieben auf dem Asphalt liegen, bis ein nächster Windstoß sie wieder aufnahm.

Puerto Madryn wirkte mit seiner langgestreckten Uferpromenade, den Häusern und dem strengen Schachbrettgrundriß wie das Modell einer zukünftigen Stadt (so wie man sich einmal die Stadt der Zukunft vorgestellt hat). Der Staub und der Sand halten es umschlossen. Die Ruta Nacional streift die Stadt oberhalb ihres Kerns und führt dann nach Süden weiter. Auf einem Kreisverkehr wird der Besucher in die Stadt gelotst.

Tankstellen, Gomerias und Hütten. Einstöckig auch die meisten Häuser zum Zentrum hin, auch nur Entwürfe, gebaute Vorgriffe auf eine wie auch immer geartete Zukunft. Und das ›Grand-Hotel‹, in dem wir abstiegen, hatte nur ein Erdgeschoß, aber in der Mitte der Hotellounge waren schon die Treppen für ein zukünftiges Stockwerk eingemauert. Es mußte nur draufgesetzt werden, und alles würde wieder ein Stück weitergehen. Der Fortschritt zeigte sich an Stahlstangen, die in den Himmel standen und schon den imaginären Raum der zukünftigen Wolkenkratzer in den patagonischen Himmel zeichneten.

Das Zimmer war einfach und führte auf einen staubigen Hof hinaus. Ein schwarzer, strubbeliger Hund mit einem markanten Kopf saß dort und hatte eine rote Schleife um den Hals. Er blickte uns mit traurigen Augen an und bettelte. Kaum hatten wir das Fenster geöffnet, sprang er auf den Sims, und wir verfütterten unsere letzte Ration Kekse. Er war gefangen. Mitten in dieser unerhörten Weite war sein Revier ein Hof mit scheußlich grauen Betonmauern, nicht größer als ein Zimmer.

Im Restaurant ›El Capitano‹ saß ein Amerikaner, der mit zwei Männern sprach, sein schwerer Akzent war unüberhörbar. Die Namen ferner venezolanischer Ölfelder schwirrten durch den Raum, unterbrochen vom Klirren der Gläser und dem Scheppern des Geschirrs. Irgendwie erinnerte er mich an Harrison Ford in dem Film ›Moscito Coast‹. Es ist die Geschichte eines Amerikaners, der im Dschungel wahnsinnig wird. Unser Mann hatte mit der Ölplattform zu tun, die draußen in der Bucht schwamm und nach Süden geschleppt werden sollte. Der aufmerksame Kellner ging immer wieder um die Männer herum, schenkte Wein nach oder brachte frisches Bier, denn der Amerikaner trank keinen Wein. Patagonien war ihm das Öl, die Stadt war das Öl, die Zukunft, der Himmel über Patagonien das Öl und die Steppe sowieso, das alles war für ihn Öl, wie auch Alaska nur Öl war oder Venezuela, Mexiko oder die arabische Wüste, er sah das Öl, er roch es, er spürte es auf, er trieb es aus dem Boden hervor. Öl, Öl, Öl, und nur davon redete er.

Später sagte der Kellner zu mir: »Um diese Zeit kommen eigentlich nur die Ingenieure. Für sie wird das Hotel und das Restaurant offengehalten. Es ist Winter, mein Herr.«

»Ich bin nur zum Vergnügen hier«, sagte ich.

Er lachte. »Seltsam, seltsam.« Er schüttelte den Kopf.

»Sie kommen aus Deutschland?« Ich schwieg, und er wurde gesprächig: »Manchmal erscheinen Deutsche hier«, sagte er, als suche er eine Erklärung für mein Verhalten, »die kommen wegen des Aluminiumwerkes, aber sonst?« Ich sagte: »Das Land hier interessiert mich.« Er zog die Schultern hoch. »Ich bin aus Formosa im Norden und war zwei Jahre arbeitslos. Kellner wollen die Patagonier nicht sein. Sie sind Gauchos«, sagte er und: »Zum Essen kommen Ingenieure und Touristen, aber niemand aus der Stadt.«

Am Plaza San Martin gab es Juweliergeschäfte und Pfandleiher, meist in einem Laden zusammen: die Uhren auf der einen Seite, die Radios auf der anderen. Die

Geschäfte liefen nicht sehr gut. Ein mißmutiger, dicker Mann stand hinter dem Ladentisch und wollte nur Dollars tauschen. Eine Bank war nirgends zu finden. Nur eine Pensionskasse, in die wir irrtümlich gerieten. In langen Schlangen warteten ältere Frauen und Männer mit müden und zerfurchten Gesichtern. Einige Polizisten in grauen Uniformen standen herum, sahen uns mißtrauisch an und wußten nicht, was sie mit uns anfangen sollten. Ständig wurden Nummen aufgerufen.

Als wir einem anderen Händler die Mastercard zeigten, schüttelte er den Kopf. Die Sache war ihm zu zweifelhaft. Auch er nahm nur Bargeld, natürlich Dollars. Mit meinen großen Pesoscheinen hatte ich kein Glück. Niemand wollte in den Geschäften 20-Peso-Scheine nehmen, auch bei 10-Peso-Scheinen hieß es oft: »Leider kein Wechselgeld vorhanden.« Von den 50-Peso-Scheinen, die es auch gibt, gar nicht zu reden. Später las ich, daß unter dem früheren Präsidenten Alfonsin die Inflation auf 500 Prozent gestiegen war. Scheine mit hohen Werten waren über Nacht nur noch einen Bruchteil wert.

Das Touristenbüro hatte geschlossen, und über die Avenida Almirante Brown wehte ein kräftiger Südostwind. Staub und Papierfetzen trieb er vor sich her. Linker Hand das graue Meer, dessen gewaltige Wellen auf dem langgestreckten Sandstrand ausliefen, und rechter Hand die Häuser der Esplanade, in deren leere Stockwerke der Wind fuhr. Chatwin mochte die Stadt nicht. Er fand den Strand übersät mit toten Pinguinen und grau in grau in grau.

Die Avenida Gales erinnert an die Gründer der Stadt – walisische Einwanderer, die vor über hundert Jahren ausgerechnet Patagonien, die Gegend hier am Rio Chubut, zu einem neuen Südwales machen wollten. Es gibt ein Denkmal am südlichen Ende der Esplanade, das an sie erinnert. Chatwin spricht nicht gerade begeistert vom

›sowjetischen Stil‹ der pathetischen Darstellung. Ein Bronzemann mit Hacke und Schaufel schaut in Richtung Steppe und nicht zum Meer.

Mich beeindruckte es auch nicht. Während ich um das Denkmal herumging, kam ein Junge zu mir und fragte, ob ich einen ›Stein‹ hätte. So zumindest verstand ich ihn. Ich bot ihm Kaugummi an, er aber schüttelte den Kopf und betrachtete mich, als wollte er sagen, was soll das. Schließlich zog er mich am Ärmel vom Denkmal weg hinter eine kleine Mauer. Ich sah dann, was er wollte. Ein Stück Kreide, um das Bild, das er auf die großen, grauen Steinplatten gezeichnet hatte, zu vollenden. Es sah wie eine Ölplattform aus, konnte freilich auch das Muster eines komplizierten Spieles sein. Ich mußte passen, ich hatte keine Kreide.

Der Junge besaß aufgeweckte, kluge Augen und war vielleicht neun oder zehn Jahre alt. Ich fragte ihn, wo es zum Bahnhof ging. Er zeigte die Almirante Brown hinauf, ich sollte bis zu ihrem Ende gehen, dann würde ich schon sehen.

Der Bahnhof war geschlossen. Nicht ganz, Wartesaal und Schalterraum konnte man betreten. Eine ältere Frau saß in einem abgewetzten Stuhl und schlief. Sie öffnete die Augen, als sie mich eintreten hörte. Ich fragte sie nach den Zügen nach Gaimán, sie aber schüttelte den Kopf. Ihr blaues Kleid mit roten Kringeln bauschte sich auf dem Stuhl und ließ ihre stämmigen, von blauen Adern durchzogenen Beine sehen. Ihre Füße steckten in grauen Sandalen. Sie hatte Plastiktüten zu beiden Seiten des Stuhls stehen und erklärte mir, daß sie hier auf ihren Hund wartete. Er trieb sich offenbar noch in den Straßen herum. Ich nehme an, der Hund wußte, daß sie wartete. Aber ihr machte das Warten nichts aus, und so schlummerte sie wieder ein. Niemand sonst war hier. Der Staub lag zentimeterdick, und der Fahrkartenschalter war geschlossen. Die Klingel am Schalter funktionierte nicht. Ich verließ den Bahnhof und gab meinen Plan auf, nach Gaimán zu fahren.

Ich wanderte auf dem kiesligen Strand nach Norden. Die Dünung war stark, und auf den Wellen trieben Gischt und Schaumfetzen. Möwen schossen darüber hin und schnappten sich Fische, die das aufgewühlte Wasser an die Oberfläche trieb. In Puerto Madryn schimpften sie über das schlechte Wetter. Der amerikanische Ölingenieur fuhr mit seinem alten Pick-up die Hauptstraße hin und her, die Augen hinter dunklen Gläsern versteckt.

Der Kellner hatte von einem Wrack gesprochen, das in Richtung Norden und so nah am Ufer liegen sollte, daß man es mit ein bißchen Glück auch ohne Boot erreichen konnte. Als Kind hatte ich natürlich auch von so etwas geträumt: Mittschiffs ein Wrack zu entern und dann wie Robinson Crusoe die Überreste an Land zu schaffen. Das Schiff lag auf der Seite und war tatsächlich nicht weit vom Ufer entfernt. Das Backbord ragte weit über die Wasserfläche hinaus, und Möwen rannten auf dem rostigen Rumpf aufgeregt hin und her, mit mir hatten sie nicht gerechnet. Aber an diesem Tag hätte man schwimmen müssen, um hinüberzukommen. Die Dünung des Meeres trieb ihre Brecher durch die Luken, und im Rhythmus der Wellen schoß das Wasser aus allen Schiffsöffnungen. Alles war rostig: die Flanken, das Deck, die Aufbauten, die Schiffswände, die Kommandobrücke, die Fensterfassungen. Alles war schwarz vom Rost, dagegen hob sich der Schaum der Wellen wie Schnee auf dunkler Fläche ab. Im Sommer konnte man vielleicht hinüberkommen, aber im Winter nicht. Der Kellner hatte mir eine Broschüre gegeben, in der von der seltsamen Havarie, in die das Schiff geraten war, berichtet wurde. Der Kapitän und der Erste Offizier waren sich über ein grundsätzliches Problem in die Haare geraten und hatten dabei alles andere vergessen. Der Zankapfel war eine philosophische Frage gewesen. Ob das Wesen der Erscheinung das Licht sei, wie der Offizier es vertrat, oder nicht, wie der Kapitän feststellte, das Überraschungsmoment selbst, das Unvermutete, die Überwältigung. Ein Teil der Mannschaft hatte der Idee des Offiziers zugeneigt, ein anderer der Vorstellung des Kapitäns. Zwei oder drei aus der Mannschaft hatten sich nicht entscheiden können oder wollen. Der Offizier sagte: »Die Geheimnisse des Lichts sind so vielfältig und verblüffend, daß sich das Auge leicht narren läßt.« Er erzählte von Newtons Versuch, der durch ein einfaches Glasprisma den Lichtstrahl in einen Regenbogen verwandelte. »Wie leicht läßt sich unser Auge durch die simpelsten Spiegelungen täuschen.«

Der Kapitän aber erklärte: »Der Moment der Überraschung, die Überrumpelung, das, womit wir nicht rechnen, das narrt unser Auge. Ufos, schwebende Gurus oder die Heilige Jungfrau sieht man deshalb, weil unser Gehirn, überrascht und verblüfft, die Erscheinungen nicht einordnen kann. Das ist dann das Wunder, das Übersinnliche.«

Der Offizier aber beharrte auf seiner Theorie: »Das Licht«, sagte er, »das Licht erklärt solche Erscheinungen. Ein denkender Mensch, ein Mensch mit Vernunft kann anderes nicht akzeptieren.«

Begonnen hatte der philosophische Streit, weil einer der Matrosen behauptet hatte, drei Ufos über dem grün schimmernden Meereshorizont beobachtet zu haben. Er hatte den Kapitän geweckt, um ihm davon Mitteilung zu machen. Die Ufos hatte nur der Matrose zu Gesicht bekommen, niemand sonst, und bald waren die Ufos vergessen; aber der Streit blieb als Modell der Selbstbehauptung, dem das Schiff geopfert wurde. Über die ›discusión‹ hatten sie den Kurs verloren und waren auf Grund gelaufen. Das war die Überraschung, Leck, Wassereinbruch und Kentern die endliche Erscheinung. Keiner wußte mehr den Namen des Schiffes oder gar das Herkunftsland. Nur die Folgen des erbitterten Wortgefechtes lagen noch rostig und verloren im Wasser und dienten den Bewohnern noch lange als Beweis für die Schädlichkeit sophistischer Dispute.

Beim Hüter der Robben

Der Morgen war trocken und kühl, die Sonne schien von einem wasserblauen Himmel herab, und ein Geruch feuchter Erde hing über den Straßen. Um den Staub zu binden, hatten die Bewohner die Straßen und Gehwege mit Wasser besprengt. Gelbliche Wasserlachen füllten die Schlaglöcher, und beim Durchfahren spritzten lehmige Wassertropfen die Karosserie voll.

Wir fuhren in Richtung Valdés. Die Halbinsel auf dem 43sten Grad südlicher Breite ragt wie ein gedrungener Büffel in den Südatlantik, mit dem runden Rücken zum Meer. In seinem Schutz zwei Buchten: Golfo San José und Golfo Nuevo. Die Halbinsel ist hier Teil des südamerikanischen Schelfs und steigt bis zu 100 Metern im Inselinneren an. Ein kahles, von Ginster und Gras bewachsenes Eiland, das aus vielen Schichten roten Sands und glatter Kiesel gefügt ist.

Wir passierten den Eingang und mußten dem Posten sagen, wohin wir wollten. Der Eingang war mit einem häßlichen Betonbogen markiert, und in einem Flachbau daneben war ein Museum eingerichtet, das die Tierwelt von Valdés auf Fotos zeigte. Als ich eintrat, sprach ein Lehrer vor seinen Schülern. Er redete in einem lauten und stakkatoartigen Tonfall. Die Schüler – alle in ihrer Schuluniform: blauen Blazern, weißen Hemden und grauen Hosen – machten keinen Muckser. Ich verzog mich schnell in einen der Nebenräume und betrachtete die Fototafeln. Es roch nach feuchter Wolle.

Als ich wieder draußen war und die Parkwächter sah, Männer in hellblauer Rangeruniform, mußte ich an den schulterklopfenden Chef im Nationalpark-Büro in Buenos Aires denken. Manche würden in der Einsamkeit verrückt, hatte er gesagt, aber so einsam war es hier gar nicht. Man war ganz auf Touristen und Reisende eingestellt. Der Schulbus wartete mit laufendem Motor vor dem Museum. Die Luft über Valdés – einmal die sauberste Luft der Welt – füllte sich mit Dieselgestank.

Auf der Staubpiste ging es nach Nordosten – zum Punta Norte. Schnurgerade zog sie sich hin. Der Wind zwitscherte an den Blechkanten der Karosserie. Die Piste sprang über Wellen, führte durch flache Kurven, aber behielt den fernen, staubhellen Horizont als Ziel. Die Sonne verharrte hinter einem Schleier aus Frost und Staub, und das Licht war trübe und matt. Rechts und links der Straße rollten manchmal bunte Plastikflaschen im Wind. Eine Straßenwalze lag verlassen an einer Wegkreuzung, neue Pisten waren geplant. Zwischen den Büschen und Gräsern tauchten Guanacos auf, blieben wie angewurzelt stehen und sprangen erschrocken davon.

Nach etwa eineinhalb Stunden sahen wir den Atlantik. Er schimmerte zwischen graugrünen Strandbüschen hindurch, unerwartet glatt und seidig. Überall fanden wir dicke Lagen Kies, vom Wellengang geschichtet und in überwiegend grauroter Färbung. Vier oder fünf Seerobben aalten sich darauf, den Rückenpelz der Sonne zu. Sie schienen zu schlafen, nur manchmal bliesen sie durch die Nasenlöcher, und das hörte sich wie Niesen an. Von einer Robbenkolonie mit Hunderten von Tieren, wie man uns erzählt hatte, konnte keine Rede sein.

Ich schaute in Richtung Meer. Die schäumenden Wogen rollten gegen die flach hingelagerte Küste und liefen an den breiten Kiesstränden aus. Später las ich in Darwins Tagebuch ›Voyage of the Beagle‹, daß die Kiesbetten hier und an den Küsten in Richtung Süden in ihrem Volumen einen eigenen Gebirgszug ausmachen würden. Überwiegend fand ich Granit- und Porphyrkiesel, aber auch flache Sandsteinkiesel gab es in großen Mengen, alle rund und abgeplattet wie Dachschindeln.

Als ich Anstalten machte, den Zaun, der den Robbenstrand vom übrigen Teil abtrennte, zu übersteigen, erschien ein schlanker, schwarzhaariger Mann und begrüßte uns. Er trug die gleiche, etwas abgeschabte Uniform wie die Männer am Eingang des Naturparks und hielt einen Feldstecher in der Hand. Sein Erscheinen unterband jeden weiteren Versuch, den Zaun zu überklettern. Trotz seiner strengen Gesichtszüge war er sehr freundlich und lud uns zu einer Fahrt dorthin ein, wo es wirklich sehenswert sei. Er rauchte und steuerte einen großen Ford Pick-up über die Grasbüschel und zwischen den Sträuchern hindurch. Wir gelangten zu einem Platz, der sanft zum Meer hin abfiel. Auch hier dicke Kiespakete, nasser Kies, der im Licht hell glänzte und von den Wogen aufgeschichtet war. Hunderte von Robben und Seelöwen schnarchten, rollten und wälzten sich darauf. Ihr Fell schimmerte golden im Mittagslicht. Laut war die unheimliche Begleitmusik. Ein Blasen, ein Schnaufen, ein Bellen, ein Husten, ein Schnarchen und Seufzen, daß einem die Spucke wegblieb. Dazu strich ein scharfer Geruch von Fisch, Tang und vergammelnden Schalentieren herüber. Tote Robben, zusammengedrückt, platt gewalzt und schon halb skelettiert, umkränzten das Lager der Tiere.

Nach einer gewissen Zeit entdeckte ich eine dem ersten Blick verborgene Rangordnung unter den Tieren. Die größten Tiere, ohne Zweifel die Bullen, waren von acht bis zehn kleineren Tieren umgeben, vermutlich den Weibchen, die ständig ihre Lage veränderten, mal zum Bullen hin, dann wieder von ihm fort. Abseits dieser Gruppen lagen zwei, drei oder vier Robben, deren Fell besonders hell war und glänzte. Der Ranger machte mich auf die Schrammen und Bißspuren am Hals der Tiere aufmerksam. Es waren junge männliche Robben, deren

Abstand zu seiner Gruppe der Bulle scharf kontrollierte. Untereinander waren die Jungtiere alles andere als friedlich. Wütend schnaubten sie und drangen wie Dampfwalzen in Richtung Meer. Das alles mit einer Schnelligkeit, die man ihnen nicht zugetraut hätte. Auf dem glatten Uferschotter waren sie unschlagbar. Sie wellten darüber hin, als würden sie gar nicht den Kies berühren.

Abseits lagen auch einige Muttertiere mit ihren Kleinen, sie behielten uns besonders im Auge, aber auch den Bullen mit seinem Harem. Die Robbenjungen hatten sich dicht an ihre Mutter hingeschmiegt und schliefen fest.

Ich umrundete die große Herde und stieg zum Meer hinab. Kaum war ich unten, tauchten die Köpfe einiger Robben aus dem Wasser. Sie hielten Ausschau nach uns; und mit ihren konisch zulaufenden Köpfen glichen sie Mönchen mit schwarzen Kapuzen.

Walter versuchte sie zu fotografieren. Er warf sich zu Boden und robbte auf dem Kies dem Meer zu, anders, das meinte auch der Wildhüter, waren Nahaufnahmen nicht zu schaffen. Ich blieb, wo ich war.

Keine Ruhe lag über den Tieren, stattdessen ein angespanntes Zittern: ständig schnaubte, hustete oder bellte irgendein Tier. Ich hatte den Eindruck, daß sich die Tiere einzig im Wasser entspannten, wo sie herumtollten und immer wieder die Köpfe über die Wasseroberfläche streckten, um sich zu zeigen und Ausschau zu halten. Darwin hatte seinerzeit beobachtet, daß weiter im Süden und an der chilenischen Küste alle flachen Felsen mit Robben bedeckt waren. Er verglich sie mit Schweinen und schrieb, daß sie von liebevoller Veranlagung seien. Doch meinte er, daß sich selbst Schweine über den schrecklichen Gestank, der von ihnen ausging, geschämt hätten. Dumpf und scharf war der Geruch, aber Assoziationen an einen Schweinestall stellten sich nicht ein. Eher roch es wie im Zoo, so, wie man es erwartete. Das

Meer schmiß große, mit Tang gefüllte Wellen an die Klippen und Felsen. Der Tang wurde in Fetzen gerissen und blieb an den Steinen hängen. Weißer Schaum spritzte, und die Robben wurden von der zurückrollenden Dünung verschlungen. Sie tauchten wenig später an anderer Stelle wieder auf. Ich fragte den Wildhüter, ob das Meer hier verschmutzt sei. Ich hatte das Bild der Ölplattform noch vor Augen. Er wiegte den Kopf. Teils – teils, hieß das wohl. Er wies mit der Hand zu einer Düne, dort lagen weiße Styroporstücke, und als wir weitergingen, fanden wir einen Plastiksack am Strand mit der verwaschenen Aufschrift ›Duty free Amsterdam‹ sowie Teile eines zersplitterten Plastikrohres. Der Mann nahm die Sachen wortlos auf und schmiß sie auf die Ladefläche seines Pick-ups.

Wir fuhren zu einem niedrigen, weiß getünchten Haus, dessen große Antenne im Wind schwankte. Eine dicke Katze strich um meine Beine, und Hemden knatterten an der Leine. Eine zierliche, schwarzhaarige Frau erschien. Sie rief ihrem Mann schon an der Tür die neuesten Wettermeldungen zu und gab uns die Hand. Ein Vorhang trennte Küche und Schlafstelle vom übrigen Wohnraum, an dessen weißgetünchter Wand ein Kalenderbild des Matterhorns hing. In einem Kamin knisterten ein paar Holzscheite. Wir waren in einen kleinen gemütlichen Zufluchtsort am Rande der patagonischen Steppe geraten. Vom Fenster aus sah ich in Richtung Meer, der Wind hatte noch aufgefrischt, und auf den Wellen rollten weiße Schaumkronen.

Der Wildhüter und seine Frau lebten das ganze Jahr über in dem Küstenhaus. Die Kinder blieben während der Schulzeit in einem Internat in der Stadt. Die Frau lachte, als sie sagte: »Ihnen ist es zu einsam hier. Wer ins Kino gehen will, braucht drei Tage.«

»Zufriedener kann ich nicht sein«, meinte der Mann. Er rauchte und nippte vorsichtig an seinem schwarzen Kaffee. Seine Bewegungen waren langsam und strahlten Ruhe aus. Eine Karte lag auf dem Tisch, er drehte sie vorsichtig zu uns hin und fuhr mit dem Finger dem Küstenverlauf nach. Der glatte Kiesstrand täuschte. Unter der Wasseroberfläche war der Küstensaum in tausend Klippen und Schründe, Spitzen und Brüche zerteilt. Auf dem Dach befand sich ein Leuchtfeuer, und der Mann dirigierte die Schiffe per Funk um die Klippen herum. In der übrigen Zeit betreute er als Ranger die Parkstation Punta Norte. »Vor allem der Sommer bringt die Besucher hierher«, sagte er und machte ein Gesicht, als spreche er von einem Unwetter, »manchmal vierhundert an einem Tag. Die Busse sind schon in Trelew voll.« Vor zwei Jahren hatte die Parkverwaltung deshalb einen Zaun um den Punta Norte ziehen lassen. »Stacheldraht wäre am besten«, sagte er und lachte.

Die Tür stand offen, und ein Hund erschien schweifwedelnd und verschwand wieder. Dann traten ein Mann und eine Frau ein, zu denen der Hund gehörte. Der Hausherr begrüßte die beiden freundlich und lud sie ebenfalls ein, sich an den Tisch zu setzen und Kaffee zu trinken. Über Funk hatten die beiden angefragt, ob sie am Punta Norte zelten könnten. Der Wildhüter hatte nichts dagegen, im Winter, wenn sowieso niemand kam, war fast alles erlaubt. Nur im Sommer war das Zelten strikt verboten. Das Ehepaar war mit dem Fahrrad unterwegs, seit etwa einem Jahr fuhren sie durch Südamerika. Für den Hund hatte der Mann ein Eisengestell über das Vorderrad geschweißt und mit einer Decke ausgepolstert, so daß der Hund jederzeit, wenn er müde war, hineinspringen konnte. Als ich die beiden nach der Route fragte, blies der Mann durch die Lippen und sagte: »Wo anfangen, wo aufhören? Schöne Dinge, schlimme Dinge.«

Vieles sei schon vergessen. Die Frau aber führte Tagebuch. Einen Fotoapparat hatten sie nicht dabei. Er redete von dem Wind, der sie auf der Straße zur Halbinsel schier wahnsinnig gemacht habe. Sein Spanisch war fast besser als sein Französisch, dabei kam er aus Blois. Aber er hatte viele Jahre in Salta als Monteur gearbeitet und seine Heimat fast vergessen. Nach Feuerland wollten sie auch noch – und dann nach Chile rüber.

Später trat ein breitschultriger Mann durch die Tür. In einem Sack hatte er einen großen Fisch dabei. Er schüttete ihn auf den Tisch. Die silbrigen Schuppen glänzten an den Flanken, und in der rosigen, aufgerichteten Rückenflosse schimmerten die dünnen, roten Adern. Etwa einen Meter lang, glich der Fisch einem großen Barsch, und der Wildhüter pfiff durch die Zähne, als er ihn betrachtete. Ich bat den Mann, mir den Namen des Ungetüms aufzuschreiben. Leider verschwand dieser Zettel wie auch einiges andere. Meine Zettelwirtschaft kostete mich einige Geschichten.

Der Mann hatte braun gewellte Haare, eine gedrungene Gestalt und helle, klare Augen. Ich dachte: Er ist Waliser, ein Nachkomme der Einwanderer. Aber er stammte aus der Bretagne und freute sich über meinen Irrtum. Von den ›Walisern‹ hatte er noch nichts gehört. Sie interessierten ihn auch nicht. Er kam aus Brest und betonte das. Mit vierundzwanzig, ein Kapitänspatent in der Tasche, hatte er Brest verlassen und Frachtschiffe zwischen Fernost und Europa geführt. Eine Zeitlang auch auf der Route zwischen der Ile de Maurice (Mauritius) und Mombasa. Reis, Zuckerrohr und illegale Wanderarbeiter, die in der Erntesaison auf Mauritius arbeiteten. Dann war er auf die Linie Lissabon, Rio, Montevideo und Buenos Aires gewechselt, hatte dort aber den Spaß an der christlichen Seefahrt verloren und war von Bord gegangen. Eine Zeitlang hatte er als Schiffsagent und Ausrüster gearbeitet, hatte mit einem Kompagnon eine Jachtwerft in Bahia Blanca aufgebaut und war so nach Süden gekommen. Schließlich hatte er sich in Puerto Piramide niedergelassen. Einem Ort, der für patagonische Verhältnisse gar nicht weit von hier lag: vier Stunden mit dem Auto. Er fragte uns, was wir auf Valdés machen wollten und lud uns ein, bei ihm vorbeizukommen.

Er fragte: »Ist es denn neuerdings schick in Europa, nach Valdés zu kommen? Im Winter war die Halbinsel immer vollkommen leer, aber jetzt sieht man Busse, Besucher und Fotografen.« Der Wildhüter schüttelte den Kopf. »Nein, der Winter ist wie früher«, meinte er. Der Franzose, der mit dem Fahrrad gekommen war, bat den Wildhüter, ihm das Funkgerät zu zeigen. Der Mann stand auf, öffnete eine Tür, und wir sahen seinen Arbeitsplatz. Ein schmaler Holzschemel, ein Tapetentisch, darauf Karten und das schwarze Funkgerät. Viele Hebel, Knöpfe und Papierstreifen.

Als wir nach draußen traten, packte der Bretone den Fisch und brachte ihn in sein Auto. Ein alter Cressida, in dem alle Sitze bis auf den Fahrersitz ausgebaut waren. Er hatte einen Platten. Der Bretone lachte. Auf dem Dach drei Ersatzreifen, deren Zustand aber auch nicht viel besser aussah.

Wir fuhren im eigenen Auto zurück. Stockdunkel lastete mit einem Mal die Nacht über der Steppe. Noch Minuten zuvor hatte der Schein der untergehenden Sonne den Himmel fächerförmig bedeckt. Eine Kuppel aus Staub, durch die das letzte Licht hindurchglühte. Jetzt war es finster. Selbst nach einiger Zeit hatten sich die Augen nicht an dieses Schwarz gewöhnt, man sah nichts, buchstäblich nichts. Nur der Scheinwerfer tastete mit schütterem Kegel den pistenartigen Untergrund ab. Irgendwann mußten diese Rillen und Spuren in ein Asphaltband münden. Es gab keine Mittellinie, keine Seitenpflöcke, an denen man sich orientieren konnte. Gottseidank war hier alles topfeben. Auf einer Paßstraße wäre uns anders zumute gewesen.

Mitten auf der Piste, deutlich vom Licht der Scheinwerfer erfaßt, stand plötzlich eine Kuh und glotzte uns verwundert an. Walter bremste scharf, und seine Fototasche flog nach vorne. Die Kuh bewegte erstaunt ihren Kopf, als wollte sie fragen, welch seltsames Wesen mit glühenden Augen da quietschend und schleudernd vor ihr zum Stehen kam. Diese Kuh hatte etwas Mystisches, sie schien direkt vom Himmel gefallen zu sein. Ihre Körperkonturen waren gar nicht zu fassen, vielleicht standen die Hinterbeine im Aldebaran, und der Schwanz reichte bis zu den Magellan'schen Wolken und kitzelte dort die aufgewühlte Atmosphäre junger, aufmüpfiger Sterne. Mit der gleichen überirdischen Würde und ähnlich unvermutet verschwand sie auch wieder. Zwei, drei Schritte zur Seite, und die Nacht hatte sie verschluckt. So werden Gottheiten geboren: im Rätsel und der fraglosen Bestimmtheit einer kohlrabenschwarzen Nacht.

Moby Dicks Urenkel

Kolossale Walfische hatte Darwin vor Patagonien beobachtet. ›Sie springen aus dem Wasser und lassen sich auf die Wasseroberfläche fallen‹, schreibt er, ›daß der Schall donnert wie ein entfernter Breitseitenschuß.‹ Die schiere Lebenslust also. Der graubärtige Chef im Büro des Nationalparks hatte uns auf der Karte die Gebiete vor Valdés gezeigt, dort seien sie winters wie sommers, der Golfo Nuevo sei gewissermaßen ihre Kinderstube.

Die Halbinsel bestand hier aus einem Plateau, das mit dunklem, erdigem Gras bedeckt war und mit dornigem Heckengestrüpp, über das fortwährend ein unbändiger Wind wehte. In schroffen, parallel zueinanderstehenden Rinnen und Schluchten fiel der Rand des Plateaus zum Meer ab. Der Kontrast zwischen dem sandigen Gelb der Abstürze und dem dunklen Indigoton des Wassers hätte nicht stärker sein können.

Auf dem Wasser rollten weiße Gischtkämme im Wind, und doch wirkte das Meer am Golfo Nuevo flach und ruhig, als wir ankamen. Die Flanken der Bucht, die in einem weiten, flachen Bogen das Meer umfassen, waren völlig ohne Vegetation, so daß die blanken Sand- und Steinrippen wie Reste einer megalithischen Kultur wirkten, einer Kultur, die den Wal als oberste Gottheit verehrte. Wenn es je eine solche Kultur gegeben hat, hier wäre sie vorstellbar.

Schon vom Plateau aus waren die Wasserfontänen der Wale zu sehen: zwei, drei, vier Fontänen an ganz verschiedenen Stellen der Bucht. Eine große Stille herrschte – die Wale sprangen nicht, sie schwammen unter der Wasseroberfläche, tauchten hie und da auf und bliesen den Atemdampf in die Luft. Gischt, den der Wind schnell verteilte. Für Momente erfaßte mich eine gewisse Feierlichkeit.

Aber unten im Dorf ging es um ein Geschäft. Puerto Piramide in Patagonien verdankte seine Existenz der Neugier auf Wale. Der Ort ist Zentrum eines harmlosen Kultes. Im Sommer lockt er Tausende hierher. Boote stehen bereit, und drei verschiedene Restaurants bieten Terrassen mit Meeresblick an. Jedes Haus ist eine ›Agencia‹, in der Tickets für die Waltour verkauft werden: eine dreiviertel Stunde für 20 oder eine Tagestour mit Hochseefischfang für 250 Dollar. Alle handeln sie mit Walen. Wale, wie sie schwimmen, wie sie auftauchen, wie sie die Atemluft herausblasen, Wale, wie sie kreuchen und fleuchen. Die Walbeobachtungsindustrie läuft hier ganz gut. Zu Hause hatte ich auch Kritisches gelesen, die Wale würden ihre letzte Zufluchtsstätte verlieren, die Abgase der Außenbordmotoren würden den Orientierungssinn der jungen Tiere stören und so weiter. Das Problem schaffte immer der sich langweilende ›homo turisticus‹. Andererseits hörten wir von dem Bretonen, den wir am Punta Norte getroffen hatten, daß nur im Sommer, also kurz vor oder nach Weihnachten, die Besucher in Scharen kamen.

Er hatte uns eines seiner Boote und einen Skipper vermittelt, der uns die Wale für 15 Dollar zeigen wollte. Zuerst die Schwimmwesten und das wasserdichte Ölzeug. »Nur zur Sicherheit«, meinte er freundlich. Es war Ebbe, und ein Traktor zog das Boot vom Pier aus auf den Strand und schob uns Walfotofänger in die Fluten. Sofort spürten wir die starke Dünung des Meeres. Das Boot hüpfte von Wellenkamm zu Wellenkamm.

Während wir in die Mitte der Bucht fuhren, studierte ich ein Faltblatt, das man mir bei einer der ›Agencias‹ in die Hand gedrückt hatte. Der Ballena Franca Austral, erfuhr ich daraus, war nach einem Gesetz des argentinischen Parlaments ein ›Monumento Natural‹ und, so belehrte mich das Faltblatt weiter, den anderen ›Monumentos Naturales‹ gleichgesetzt. Der Wal als nationales Monument! Dabei hat er weder als Wappentier noch als Fahnensymbol patriotische Dienste zu leisten. Dieses ›Monumento Natural‹ ist ein Walfisch, der vor allem im Atlantik und Pazifik vorkommt, meist südlich des 30. Breitengrades südlicher Breite. Im 18. und 19. Jahrhundert stark bejagt, ging er früh in die Walmythologie ein, und sein hellhäutiger Verwandter namens Moby Dick wurde durch die Literatur unsterblich. Das Faltblatt, in dem sich auf seltsame Weise Naturschutz und nationales Pathos mischten, sprach davon, daß es noch etwa 3000 Exemplare gab, davon 600 in den argentinischen Territorialgewässern. Diese 600 durften sich also mit Fug und Recht als nationale Monumente betrachten.

All das belastete sie nicht. Neben unserem Boot tauchten sie auf und streckten ihre dunklen, wie mit Muscheln übersäten Köpfe aus dem Wasser. Was im ersten Moment wie eine Muschelkruste wirkte, war eine Kopfzeichnung, die von Tier zu Tier variierte. Manche Wale kamen so nah, daß ich ihr Atemloch sehen konnte, eine V-förmige Öffnung am Nacken, durch die der Wal Wasser herausdrückte – die charakteristische Fontäne. Ein Tier näherte sich bis auf zwei, drei Meter, und Atemgischt traf mich. Er roch nach Tang und Lebertran, nicht aufdringlich, aber es schmeckte durch.

Die Wale waren ungeheuer verspielt: Sie drehten sich im Wasser, tauchten ab, schossen wieder hervor, hoben den Kopf und blickten in Richtung des Bootes, ließen sich dann vom Wellenschaum überspülen und tauchten an anderer Stelle auf.

Der Skipper drehte einen Lautsprecher auf und ließ von einer Kassette Walstimmen spielen. Das beeindruckte die Wale nicht sonderlich, sie schienen eher belustigt den Kopf aus dem Wasser zu heben, um dann wieder in den Fluten zu verschwinden. Nur ein jüngeres Tier kam angeschwommen und umkreiste das Boot. Der Skipper lachte laut. Die Wale kannten die Boote und schienen sie für eine seltsame, unverständliche Abart ihrer eigenen Spezies zu halten, beobachteten sie aus einer gewissen Distanz, hoben die Rückenflosse aus dem Wasser, um dann wieder in der saphirgrünen Tiefe zu verschwinden.

Ein dunkler Leib schimmerte am Grund. Ich sah, wie er langsam hochstieg und immer größer wurde. Ein seltsames Gefühl beschlich mich. Angst, Ehrfurcht, Staunen. Solch ein massiges Wesen, das da im nächsten Moment unsere Nußschale aus den Fluten heben würde. Der Wal aber drehte einen eleganten Bogen unter dem Schiffsboden und tauchte neben uns auf, als wollte er zeigen, wie grazil und behutsam solch ein großer Körper sein konnte und wie friedlich.

> Wer nimmt dem Wal die Totenmaske ab
> wer reicht dem Armlosen die Hand
> entschuldigt sich auf ewig beim Beluga im Meer
> *Jan Skacel*

Warum werden heute Wale gejagt? Wer verspricht sich etwas vom Töten des Armlosen? Die Notwendigkeit, die Tiere zu jagen, zu häuten und ihr Fleisch zu verwerten, ist gleich Null. Außer man nimmt den Aspekt, museale Arbeitsplätze zu erhalten, ernst. Ist es das Verlangen, das Meer zu beherrschen? Beweist der homo sapiens navigans damit, daß er die Macht und damit das Recht hat, über alle Wesen im Meer zu entscheiden? Sollte er auf diese Macht verzichten? Und schlagen das nicht eher jene vor, die weit vom Meer entfernt, das Meer, den Wal und alle anderen Kreaturen nur aus einschlägigen Tierfilmen oder Hochglanzberichten mit ihrer wohlfeilen, moralisierenden Grundtendenz kennen? Aber sind die heutigen Walkampfschiffe nicht eher Kriegsschiffe gegen die

Natur? Die Jagd geschieht ferngesteuert und wird von Videokameras überwacht. Und noch eine Frage. Warum ist der Walfang reine Männersache? Gibt es hier noch einen Raum, den die Frau nicht erobern kann? Hat Walfang mit dem paläolithischen Instinkt des Rudelführers zu tun? Wer den Wal jagt, beweist, wer Herr im Haus ist? Warum gehört in Japan Walfleisch zu den Delikatessen, auf die kein Mann verzichten mag? Ist es nicht so, daß dem Walfleisch, wie weiland bei uns der Schildkrötensuppe oder den Froschschenkeln, aphrodisische Wirkung nachgesagt wird und der Wal und sein Fleisch als Potenzmittel gelten? Ein abgründiger Zusammenhang wird spürbar. Und kommt nicht alles aus der gleichen Wurzel? Angst und Machtverlangen, Verfügungsgewalt und Tötungslust?

Später zum Bretonen. Er war sichtlich erfreut über meine Begeisterung, was die Wale anbetraf: die lebenslustigsten Tiere des Südatlantiks. Aber das Gesetz Numero 23.094, welches den Wal zum Nationalen Monument erhoben hat, bezeichnete er als Touristengag.

Er meinte: »Die Argentinier sind keine Seeleute, verstehen nichts vom Fischfang. Es zieht sie nicht hinaus. Sie sind Bauern, Handwerker, Kaufleute, LKW-Fahrer, Piloten, aber keine Seefahrer.«

Die Fotos im Nebenraum seines Ladens, einer Glasveranda mit Bartheke und Blick aufs Meer, zeigten, was für ihn entscheidend war. Die Trophäen der Hochsee-Angler. Große Fische am Haken, Thun- und Schwertfische. Fische mit aufgeklappten Mäulern, Fische, bunt und tropisch. »Meine Zeit in Mauritius.« sagte er. Fische mit kalten, toten Augen, Haifische und Muränen. »Die sind schwierig zu fangen. Biester, Monster!« Er lachte. Fische mit dem Haken durch die Kiemen. Fische, denen das Blut dekorativ über den gewölbten Bauch läuft. Fotos im Hemingway-Stil. Neben den aufgehängten Fischen der stolze Fänger, lachend und männlich, wie es männlicher nicht sein kann. Die Männer waren natürlich nur wichtige Männer: Siegermänner, Jägermänner, Managermänner, Chefmänner, Politikmänner (unter anderem der französische Handelsminister), Generäle sowieso (darunter ein schwedischer Vizeadmiral), Unternehmer und Großfürsten (aus Europa) – sie alle bedienten sich seiner Schiffe und seiner Erfahrung. Man konnte bei ihm den gewünschten Fisch sozusagen bestellen.

Meine Überlegungen bezüglich des Walfangs und der Walfänger behielt ich lieber für mich.

Im Laden nebenan las die Verkäuferin eine Illustrierte, und der Bretone drehte immer wieder an seinem Funkgerät. Der Laden verkaufte die üblichen Souvenirs: Fotos und Krimskrams, Aufkleber und Aschenbecher, Wale und Pinguine aus Holz, Glas und Stein.

Der Bretone bot mir einen Schnaps an. Er stellte ihn aus dem Mark von Kakteen selbst her. »Ein Rezept aus Afrika«, wie er mir erklärte, »herb und scharf.«

Ich nippte vorsichtig an diesem afrikanischen Calvados. Der Bretone betrachtete mich mit einem gewissen Befremden. Wie ich seine Fotos anschaute, wie ich mich bewegte und die Seekarten überflog, das registrierte er. Ich war ein Gringo für ihn, ein Stadtmensch mit sentimentalen Gefühlen, mit Meinungen, die nur weitab von der Natur und der See entstehen konnten. So wie er sie eben sah, als Jäger und Geschäftsmann.

In Kärnten hatte ich erlebt, wie im Herbst die Jäger meinem Großvater ein Reh oder einen Hasen brachten, sozusagen frisch aus dem Wald oder von den Fluren geschossen. Mein Großvater mochte kein Wildfleisch und spottete über das Waidmanns-Heil- und Waidmanns-Dank-Getue der Jäger, gab den Rehbock an ein Gasthaus weiter, mit dessen Besitzer er verwandt war und schimpfte auf die ›Reichsdeutschen‹, die sich bis zum Hochstand mit dem Auto fahren ließen.

Auf der Schwelle des Hauses lag der Rehbock, die Zunge hing ihm aus dem Maul, und Fliegen saßen auf seinen Augenrändern. Oberhalb des Schulterblattes klaffte ein Loch, aus dem Blut sickerte. Ich schaute das Tier an und wollte es schnell fort haben. Deshalb bot ich meinem Großvater an, es mit einem Leiterwagen zum Gasthof zu bringen. So geschah es, daß ich an einem Nachmittag den toten Rehbock über einen Feldweg zog, ab und an nach hinten schaute und sah, wie der Kopf mit der Zunge immer wieder von einer Seite auf die andere fiel.

Jäger mochte ich nicht sein.

Eine Erzählung aus der Steppe

Ein scharfes Geräusch. Das Auto schlingert und steht. Man sitzt fest und wird philosophisch. Was vorher Freiheit war, wird nun zum Gefängnis. Ein Fahrzeug, das nicht mehr fahren kann. Bis zur nächsten Tankstelle dürften es viele Kilometer sein. Das Gehen wird zur Drohung. Mitten in der patagonischen Steppe zwang uns ein dumpfes, schepperndes Rollen an den Straßenrand. Der Reifen war platt und ohne Luft, und wir waren aus dem Reich der Freiheit ins Reich der Notwendigkeit gefallen. Der Horizont wechselte von der dünnen, blaugrün schimmernden Linie zu einer Wegmarke, deren Entfernung weit, sehr weit wirkte.

> Der Radwechsel
>
> Ich sitze am Straßenrand
> Der Fahrer wechselt das Rad.
> Ich bin nicht gern, wo ich herkomme,
> Ich bin nicht gern, wo ich hinfahre.
> Warum sehe ich den Radwechsel
> Mit Ungeduld?

Brecht hatte einen Chauffeur, der für ihn den Schaden behob (er hatte ja auch Caesar den Koch zugebilligt), und wir hatten nur den Ärger und die eigenen kümmerlichen Sorgen.

Noch nie hatten wir ein Rad gewechselt und sollten das nun ausgerechnet hier tun.

Nach einigem Suchen fand ich unter der Motorhaube den Wagenheber: einen Eisenbügel mit einer Kurbel zum Dranschrauben. Ich zog das Ding aus seiner Verankerung und setzte die rostigen Teile zusammen. Mir froren die Hände im Wind. Der Bügel ließ sich schwer bewegen. Die Kurbel war zu weit unten angebracht, so daß man sie nicht richtig drehen konnte. Der Schotter kam mir immer wieder in die Quere. Ich fluchte auf die patagonische Einsamkeit und die Unfähigkeit gewisser Ingenieure, Wagenheber so zu konstruieren, daß sie auch im scharfen Wind und auf Schotterpisten funktionierten. Schließlich hatte ich die Mechanik so weit, daß der Bügel das Fahrzeug hochzuheben begann. Ich schwitzte und fror. Wo kam ich her? Wo wollte ich hin? Was war mein Ziel und warum die Ungeduld? Fragen über Fragen, aber die Schrauben und der Reifen waren etwas sehr Konkretes.

Auch das gehört zur Panne. Das neue Selbstbewußtsein nach der Panne. Hinterher sah ich alles wieder ganz anders. Die Ungeduld war verflogen und die Landschaft nun vertrauter. Man hatte sich bewährt. Was konnte jetzt noch passieren? Am Abend durfte ich die Geduld gleich noch einmal beweisen. Wiederum hatten wir einen Platten. Beim Rückwärtsfahren hatte Walter eine zerdepperte Bierflasche erwischt. Im Dunkeln setzte ich den Bügel an und drehte das Fahrzeug hoch. Im Nu war der Reifen gewechselt. Als hätten wir es geahnt, hatten wir den anderen Reifen zuvor in einer ›Gomeria‹ flicken lassen.

Eine ›Gomeria‹ ist der argentinische Traum von der Selbständigkeit. Ein deutlich lesbares Schild, ein paar Reifen, etwas Flickzeug und ein Set Schraubenschlüssel genügen, um als Reifenwerkstatt durchzugehen. Meistens finden sich die Gomerias in der Nähe von Tankstellen und an den Ortsausgängen. An die Wand gelehnte und mit GOMERIA beschriftete LKW-Reifen weisen auf die Werkstatt hin. Meist handelt es sich um eine dunkle Hütte, in der gewohnt und gearbeitet wird. Es stinkt nach erhitztem Gummi und verschiedenen Lösungsmitteln.

Der Chef sitzt auf einem Schemel und schneidet mit der Hand das Reifenprofil nach oder flickt einen Schlauch. Bläst ihn dann mit einem uralten Blasebalg auf, legt das Ohr daran und hört noch den leisesten Fieper. Der Mantel wird auf die Felge gedrückt, der Schlauch nochmals aufgepumpt, und der Reifen ist fertig. Die Druckwerte hat dieser Mann im Gefühl, irgendwelche Anzeigegeräte sind nicht nötig.

Das Straßenschild wies nach Gaimán. Der Ort lag nach Westen zu in einem langgezogenen und flachen Tal, dessen Grund mit düstergrauen Büschen bewachsen war. Dazwischen bedeckten bleicher Sand und einige abgenagte Schafsknochen den Boden. Stacheldrahtzäune zogen sich an der Straße entlang. Ich hielt Ausschau nach Schafen, aber konnte nirgends ein Tier entdecken. Einzig ein paar braune, faustgroße Vögel flogen auf, als ich zum Zaun hintrat. Mit erschrecktem Schnattern schossen sie in die Luft.

Man gewöhnt sich daran, keine Bäume zu sehen.

Anders als etwa in Irland oder Wales, hat hier nie ein Baum wachsen können. Patagonien ist zu trocken und zu windig. Um so seltsamer, wenn mitten in der Steppe dann doch Bäume auftauchen. Meist stehen sie um das Haus einer Estancia herum oder entlang der Einfahrt und geben dem Anwesen Schatten. Eine Veranda öffnet sich nach hinten zu einem kleinen, bewässerten Gartengrundstück, an das sich große, trockene Wiesenflächen anschließen.

Patagonien ist ein stilles Land, selbst den Wind höre ich kaum. So schnell gewöhnt man sich an sein stetiges Rumpeln. Aber hier fiel mir die Stille doppelt auf. Das Haus der Estancia lag mitten in einem Pappelhain und wirkte unbewohnt. Das große Windrad, das zum Brunnen gehörte, war offenbar festgestellt.

Der Bretone hatte erzählt, daß in den letzten Jahren viele Besitzer ihre Estancias aufgegeben hatten, gerade auch um die Halbinsel herum. Der Verfall der Wollpreise, die allgemeine Rezession, die Überproduktion an Lammfleisch, die Turbulenzen um den Malvinenkrieg und die Tatsache, daß es keine Wanderarbeiter, Peones, mehr gab, hatte die stolzen Estancieros mürbe gemacht. Er kannte ihre Klagen. Das Geld war nichts mehr wert, und sie selber mußten nun wie Arbeiter schuften. Aber damit war ihre Stellung erledigt. Niemand wollte mehr mit der Herde leben, sie von Wasserstelle zu Wasserstelle treiben, Schafe scheren und die Nacht im Schuppen schlafen. Seit die chilenischen Peones ausblieben, sah es ganz schlecht aus. Die Schafe mußten geschoren werden, und die Besitzer waren angewiesen auf durchreisende Schafscherer, die aus dem Süden kamen und stundenweise und in Dollars abrechnen wollten.

»Warum kamen die Chilenen nicht mehr?« fragte ich. Der Bretone zuckte mit der Schulter: »Weiß nicht. Vielleicht sind sie faul oder haben andere, bessere Jobs in der Stadt.«

Chatwin hatte noch Männer getroffen, die über den Maté-Tee redeten wie andere Männer über Frauen. Und natürlich die Messer. ›Sie holten alle ihre Messer hervor und verglichen ihre Qualitäten, indem sie die Spitzen in den Tisch rammten. Licht gab nur die Sturmlampe, und die Schatten der Messerklingen zuckten an der weißen Wand über meinem Kopf auf.‹

»Die Jungen kennen heute nur noch den Marlboro-Mann«, hatte der Bretone geflachst und den Schnaps in einem Zug gekippt.

Hier war eine solche Estancia. Das Haus lag etwa hundert Meter von der Straße entfernt, und ein breiter Feldweg führte im Schatten von Pappeln zum Anwesen hin. Die Tür des Hauses war mit einem rostigen Vorhängeschloß gesichert. Durch die staubigen Fensterscheiben konnte ich nach drinnen sehen. Der Raum sah wie nach einem Umzug aus. Auf dem Boden lagen ein paar Büchsen und jede Menge Zeitungspapier. Ich schirmte meine Augen ab, um besser hineinsehen zu können. Ich wollte die Geschichte dieses Hauses ergründen. In der Rückwand des Zimmers war ein Kamin eingelassen, dessen Feuerstelle mit rostigen Eimern zugestellt war. Das Fenster bedeckte der gleiche patagonische Staub, wie ich ihn überall schon gesehen hatte. Als ich den Staub am Glas wegrieb, öffnete sich das Fenster. Es war nicht einmal verschlossen. Ich kletterte hinein. Drinnen abgestandene Luft und der Geruch nach Schweiß und Mäusedreck. Die Bretter knarrten unter meinen Schritten. Tapeten mit verblaßten Gobelin-Motiven bedeckten die Wände, und ein schwarz-lackierter, zerbrochener Rahmen lag in einer Ecke. Daneben Scherben und die Reste eines zerrissenen Passepartouts. Ich hob ein bräunliches Zeitungsblatt hoch und fand ein verlassenes Mäusenest, aber kein Bild oder Foto für den Rahmen.

Ein schmaler Gang führte zu weiteren Räumen, die nach hinten lagen. Links eine Treppe in das obere Stockwerk, dort staubiges Dämmerlicht, hin und wieder von einzelnen, durch Ritzen und Spalten fallende Sonnenstrahlen durchbrochen.

Dort oben sah es ähnlich wie unten aus. Alle Zimmer waren leer geräumt, und außer Zeitungen und einigen rostigen Überresten war nichts geblieben. Im Raum direkt neben der Treppe reichten die Fenster wie bei französischen Landhäusern bis zum Boden. Von dort aus konnte ich das gesamte Areal überblicken: den verwilderten und trockenen Garten, das braune Gras dahinter, die staubgrauen Büsche. Rechts erhob sich ein großer Schuppen, der nur von dem Windrad überragt wurde. Offenbar befand ich mich im Schlafzimmer der Familie. An schönen Sommertagen, so konnte ich mir vorstellen, öffnete man die Glastür, und drunten im Garten saßen die Kinder beim Frühstück. Die Peones waren bei der Herde, und die Köchin holte im Garten den Salat für den Lunch. Ein Leben nach Gutsherrenart? Jeden Tag Ausritte und am Abend üppige Grillfeste, Assados?

Aber Patagonien war wohl zu karg für solch ein Leben. Die Schafzucht und die Arbeit fraßen alles andere auf. Der Schuppen war der Pferdestall, und im hinteren Teil lagen die Scherboxen für die Schafe. Für eine Köchin war kein Geld da. Das bißchen Lebensstil besorgte man sich aus den staubigen Landstädten, die Tagesfahrten entfernt lagen. Was in Europa Mode war, bekam man nach jahrelanger Verspätung mit. Die Gobelintapeten, den Kamin nach englischem Stil, das spanisch geschnitzte Treppengeländer. In einem der Zimmer fand ich einen ›Calendario Agricultural de SANEM S.A.‹ von 1983. Die meisten Seiten waren herausgerissen. Auf die übrigen Blätter hatte ein Kind mit ungelenker Hand geschrieben: ›Soy un caballero‹, ›Juanita y Pedro van en la ciudad.‹

Unten im Schuppen ging die Tür auf. Ein kleiner, gedrungener Mann mit grauen Haaren trat heraus, schaute sich um und durchquerte den Garten. Hinter einem der Büsche verschwand er und erschien kurze Zeit später wieder. Er setzte sich auf die kleine Mauer, die den Garten von der Steppe trennte und schien auf jemanden zu warten. Mehrmals sah er zur Auffahrt hinüber. Ich hielt die Luft an. Ich war ein Eindringling. Wie sollte ich das erklären? Auf meine Notizen verweisen. Soy un escritor!? Ich mied die Fenster und setzte mich auf die Treppe. Das, was vor der Hausfront geschah, konnte der Mann nicht sehen, wenn ich leise war, würde er nichts merken. Ich steckte den Kalender ein. Der Besitzer hatte sein ›Juan B. Cardoso‹ hineingeschnörkelt, und ich nehme an, daß es eben jener Junge war, der das Buch für seine Schreibübungen benützt hatte: Ciudad y Caballero. Als ich mich erhob, huschte eine Maus unter der Treppe hervor und lief in Richtung Küche. Ihr gemächliches Tempo zeigte, daß das Haus schon lange nicht mehr bewohnt war. Auch die Küche nicht, die nach hinten hinaus lag und in die ich mich nicht mehr traute. Der Herd war mitten in den Durchgang geschoben, ein rostiges Monstrum, dessen Feuerklappen offenstanden.

Das Fenster war noch angelehnt, und draußen auf dem Weg war niemand zu sehen. Sorgfältig schloß ich es und schlich mich im Schatten der Bäume zur Auffahrt hinüber. Dabei mußte ich niesen, weil mir der Staub in die Nase geraten war. Ich kam mir ziemlich dämlich vor, als wollte ich in meinem Alter noch Kalle Blomquist spielen.

Ich ging um das Haus herum, und der alte Mann nickte, als hätte er mich erwartet. Es verwunderte ihn nicht, mich hier zu sehen. Ich begrüßte ihn, aber er nickte nur kurz.

»Komme gerade hier vorbei, soy pasado«, log ich.

Er schwieg und schwieg weiter.

»Wohnen Sie hier?« fragte ich und deutete auf das Haus hinter mir. Ich war mir nicht sicher, ob er mein mangelhaftes Spanisch überhaupt verstand.

Er schüttelte den Kopf und machte eine kurze Handbewegung zum Schuppen hinüber. Sein Gesicht war faltig und dunkel. Die Haut hatte die Farbe von Rindsleder, und die Falten saßen wie schwarze Schnitte darin. Er schwieg, nur seine Augen bewegten sich, und er saß da, wie an der Mauer verwurzelt. Er wirkte auf seltsame Art ruhig und entschlossen zugleich. Hin und wieder nickte er mit dem Kopf, als wollte er einen Gedanken, den er hatte, abschließen. In der Hand hielt er einen trockenen Zweig und drehte ihn unaufhörlich hin und her. Er nickte wiederum mit dem Kopf, strich sich das Haar nach den Windböen glatt und spielte mit dem Zweig. Hin und wieder hob er den Kopf und sah in Richtung Straße. Mich erinnerte er an einen Bergbauern, den ich als Patient bei Großvater gesehen hatte. Er kam meistens Samstagnachmittag, um seine Kriegsverletzung, die ihm zu schaffen machte, behandeln zu lassen. Ganz ruhig saß er da, wartete im Vorzimmer und drehte auch einen Zweig in der Hand. Ein Granatsplitter steckte noch in seinem Fuß, hin und wieder eiterte die Wunde. Mein Großvater sprach mit allergrößtem Respekt von ihm, denn er mußte große Schmerzen haben, klagte aber nie, verrichtete die Arbeit auf dem Hof und kam Samstagnachmittag, dem ›Feiertag‹ der Bauern. Auch er hatte so mit dem Kopf genickt wie dieser patagonische Peon und hatte eine ähnlich dunkle Gesichtsfarbe gehabt und war die Ruhe selbst gewesen. So wie die Dinge waren, waren sie. Der Zweig war glatt gerieben, die Finger wendeten und drehten das Holz und wurden nicht müde dabei. Ob in Kärnten oder in Patagonien.

Vermutlich hatte der Mann mitbekommen, daß ich im Haus gewesen war und hatte sich hier auf die Mauer gesetzt. Ich sollte ihn sehen. Das Haus war unbewohnt, aber besetzt. Trotzdem störte ihn mein Eindringen nicht. Die Sache war ganz einfach, er wollte nichts von mir, also konnte ich auch nichts von ihm wollen. Demnach blieb mir nichts anderes übrig als zu schweigen. Einen Fuß auf dem Mäuerchen und die Augen in Richtung patagonischer Steppe.

Ein Auto hupte. Ein roter, staubüberzogener Mitsubishi rollte über die Auffahrt und bog zum Schuppen hinab, vor dem er anhielt. Vier Männer sprangen von der Pritsche und riefen herüber. Der Alte erhob sich und ging langsam mit festen Schritten zu ihnen hin. Sie klopften ihm zur Begrüßung auf die Schulter, boten Zigaretten an, und der Fahrer holte den Maté-Tee unter dem Fahrersitz hervor. Sie umstanden den Alten; von mir nahmen sie keine Notiz. Einer der Männer, wohl der jüngste, kam mit steifen Beinen zu mir herüber und grinste. Jetzt kommt es doch zum Knall, dachte ich. Vielleicht ist er betrunken und entsprechend gegen Gringos aufgelegt. Doch er tippte sich nur kurz und quasi militärisch an die Stirn, zeigte auf einen Strauch und pinkelte mit knatternden Fürzen. Die Männer nahmen die Schaufeln von der Ladefläche des Autos und verschwanden hinter dem Schuppen. Der junge Mann fragte, den Kopf mir zugewandt, ob ich jagen wollte. Ich schüttelte den Kopf. Er drehte sich um, knöpfte seine Hose zu und nannte laut die Namen einiger Tiere. Guanacos, Rebhühner und andere. Er gestikulierte und machte Peng, Peng, Peng. Kopfschütteln meine Antwort. Weder Jäger noch Fischer, nur ein Tourist mit Schreibzeug. Wie sollte ich ihm das erklären. Er wollte aber nicht wissen, wer ich war und schlenderte zum Auto zurück, nahm eine der Schaufeln und verschwand hinter dem Schuppen. Sie hatten offenbar nichts mit Pferden und Schafen zu tun.

Hinter dem Schuppen schachteten sie einen Brunnen aus. Einer der Männer hatte sich abgeseilt und arbeitete auf der Sohle des Schachtes. Zwei Männer zogen über eine Rolle die mit Schlamm gefüllten Gummieimer hoch, schütteten die glitschige Masse auf einen Haufen und ließen die leeren Eimer wieder hinab. Über eine Leine wurden Zeichen gegeben.

Ich trat zwischen die Männer und warf einen Blick in den Schacht. Er war tiefer als vermutet. Das bleiche Gesicht des Mannes wirkte zwischen den schwarzen Wänden wie verloren. Er war vielleicht fünf oder zehn Meter in der Tiefe. Auf jeden Fall hatte er den problematischsten Posten. Die Schachtwände hatten sie mit Brettern befestigt, aber das sah nicht sehr gut aus. Der schwarze Lehm quoll zwischen den Brettern hervor und wehe, wenn ein Brett morsch war. Der Schlamm roch faulig und durchdringend. Ein dickes Tau schlängelte sich von dem Schachtrand weg und war an einen Eisenpfosten angebunden. Das Rettungsseil. Für den unten war's sehr ungemütlich. Aber die Männer waren die Ruhe selbst. Sie machten Witze, wenn sie die Eimer hochzogen und den Schlamm auf den Haufen schütteten, der langsam in der Sonne trocknete und hart wie Mörtel wurde. Die abgerauchten Kippen flogen in den Schacht, als gehörten sie dahin. Der Alte, den ich zuerst getroffen hatte, verkürzte mit einer rostigen Säge die baumlangen Bretter auf die Schachtmaße, band ein Seil darum und ließ sie in die Tiefe hinab. Ich dachte an den ungewissen Ausgang. Nicht nur ein Mann (wie zuerst vermutet), sondern auch ein weiterer steckte unten. Er nahm die Bretter in Empfang und nagelte sie an die anderen hin.

Später, nachdem die beiden Männer lachend und lebend wieder hochgezogen waren, boten sie mir Maté-Tee an. Eine Mischung aus heißem Most und Kamille, anders als der Maté des Indianers. Ich verspürte keinen Widerwillen mehr. Die Männer machten ein Feuer, packten aus einer Kühltasche Fleischstücke aus, spießten sie auf Eisenstangen und steckten sie senkrecht neben das Feuer. In Windeseile geschah das. Wie selbstverständlich boten sie mir einige Stücke an, ich mußte nur zugreifen. Schnitt einen Dornzweig zurecht und war bei dem Assado dabei.

Der Zweig war zäh und hielt der Glut stand. Meinen Dank sagte ich dann den Männern, dem Alten und den Schachtgräbern. Der jüngste der Männer meinte, ich sei aus der Stadt, das entsprechende Gesicht hätte ich. Er fragte nicht aus welcher. An meinem Spanisch nahm er keinen Anstoß.

Zwölf Meter tief sollte der Schacht werden, dann würde Wasser kommen. Eine Wasserader zog unter dem Haus entlang, und die galt es auszugraben. Die letztjährigen Dürren hatten die Brunnen austrocknen lassen. Alle Schafe mußten verkauft werden, die Pferde auch. Der Besitzer war weggezogen und hatte die Möbel verkauft. Jetzt hoffte der ehemalige Verwalter auf die neue Wasserader. Der alte Brunnen war faulig geworden, zugestürzt und schließlich ausgetrocknet, erzählte der Junge. »Bevor die Tiere verdursten, verkauft man sie lieber«, sagte er noch, »aber die Preise sind natürlich am Arsch.«

An diese Möglichkeit der Geschichte hatte ich nicht gedacht. Die Kinder des Alten lebten in der Stadt, und die Brunnenbauer waren Straßenarbeiter, die der Alte für diesen Job angeheuert hatte. Er bezahlte sie gut. »Wenn es wieder Wasser gibt, kann alles neu beginnen«, sagte der Junge und schaute skeptisch zu dem Schacht hinüber.

Ich verließ die Brunnengräber und wanderte auf der Straße in Richtung Trelew zurück. Mit den Pferden war es auch nicht weit her. Autos sind praktischer, hatte der Junge gemeint. Aber was heißt Energiesparen auf Spanisch?

Der Mond über der Steppe hat eine seltsame Wirkung, seltsamer noch als zu Hause. Dadurch, daß das silberne Licht ungehindert über die Steppe fließt, kein Baum, kein Haus, keine Felswand irgendeinen Schatten erzeugen, hat man den Eindruck, auf einem anderen Planeten zu wandern. Nichts faßt das Mondlicht ein, begrenzt es. Es fließt unerschöpflich und rätselhaft vom schwarzen Himmel. Weniger fällt das Bleiche und Fahle auf als vielmehr der unentwegte Lichtkörper über dem pechschwarzen Horizont. So muß es auch den Tieren vorkommen, denn das Licht zieht sie geradezu magisch an und weckt sie mitten in der Nacht. Ständig huschte und sprang etwas in die Büsche, witschte zwischen den Beinen hindurch und verschwand im lockeren Sand. Darwin schrieb, daß sich Patagonien einer größeren Menge an Mäusen rühmen könne, als irgendein anderes Land der Welt. Er fing sie in Fallen und beschrieb sie genau: ›Mehrere Spezies von Mäusen sind äußerlich durch sehr lange, dünne Ohren und einen sehr feinen Pelz charakterisiert.‹ Ich hatte Angst, daß ich eines dieser huschenden Wesen mit der Sohle zerquetschen könnte, aber sie waren flink und sprangen davon.

Stärker noch als am Tag wirkte nun die Steppe fremd und unzugänglich, zugleich aber in einer kalten und unerklärlichen Schönheit geschaffen. Der Sand spiegelte das fahle Licht, denn er glänzte im Mondlicht, und die Schatten der Büsche und niedrigen Kakteen und Sträucher flossen darüber wie schwarze Tusche zusammen. Nichts war wie zu Hause, nicht einmal das Mondlicht. Es hatte eine andere, kühlere Konsistenz. Hier war der Mond ein Himmelskörper, der das Fremdartige des Landes widerspiegelte und verstärkte. Kein Dach, kein Haus, kein Fenster.

Auf dem Patagonien-Expreß

An Sting ließ er kein gutes Haar. In seinen Augen war diese Regenwaldgeschichte nur ein durchschaubarer Trick, um der neuesten LP die sentimentale Werbekampagne zu geben. »War er vorher einmal in Brasilien, hat die Luft dort gerochen, den Regenwald angeguckt, die Indianer besucht?« José schüttelte grimmig den Kopf. »In Paris oder London hat er einen Brasilianer getroffen, der gut davon lebte, Regenwald-Indianer zu spielen. So haben sie ein neues Motto entworfen – der kranke Regenwald und Sting, sein Retter. Aber das Wichtigste war sowieso, daß die Kameras von CNN, GLOBO, ABC dabei waren! Hier kann er niemanden damit beeindrucken, aber in Europa und in den USA kommt das verdammt gut an. Derzeit ist eben der Regenwald Mode und Sting sein Retter. Dafür kassiert er drei Millionen Dollar.«

»Ich glaube, er hat das Geld aber gespendet«, werfe ich vorsichtig ein.

José lacht, als hätte ich einen Witz gemacht.

José ist LKW-Fahrer, und wir sind auf dem Weg nach Comodoro Rivadavia.

José hatte gesagt, »du kannst mich auch Bill nennen.« »Wieso Bill?«

Er hatte in den USA studiert (wie er sagte) und ziemlich viel gesehen. Er führte mir die verschiedenen amerikanischen Slangs vor, den von New York und den von Texas. Er sprach wie ein GI: kauderwelschend, slangsingend, dann wieder so, daß ich es gut verstehen konnte.

José war ein Sprach- und Erzählgenie, wie es nicht alltäglich ist.

»Ich sprech Deutsch«, sagte er auch. Wir blieben aber beim Amerikanischen.

In den USA hatte er Trucks gefahren: Obst, Zeitungspapier, Schrott. Heimlich (wie er sagte), denn er war in keiner Gewerkschaft, und auch deswegen war er nach Argentinien zurückgegangen.

»Weshalb noch?«

Er sah durch die Windschutzscheibe und sprach von anderem.

Jetzt arbeitete er für eine Firma in Buenos Aires, fuhr zweimal die Woche nach Comodoro, auch nach Rosario oder San Juan.

Die Patagonienstrecke fand er gut und nicht gut. Gut, weil ihm niemand auf die Finger sah, nicht gut, weil man höllisch aufpassen mußte. Banditen. Der Schlaf. Außerdem war es kalt und die Heizung in seinem ›Trucktruck‹, wie er spöttisch sagte, funktionierte nicht. Aber die Motorwärme strahlte ins Innere ab, so ging es. Sein ›Trucktruck‹ war ein SCANIA-30-Tonner mit Anhänger. Alles hochbepackt und mit Planen zugezurrt. Er hatte mich von Puerto Madryn aus mitgenommen – Richtung Süden.

»Comodoro«, sagte José, »ist ein mieser, staubiger Ort. Öl, du verstehst! Comodoro war das Ziel von Margret Thatcher.«

»Das ist ein Witz!« sagte ich.

José schüttelte den Kopf. »Die Bank von England hat doch längst die Pläne ausgearbeitet. Das Nordseeöl geht zur Neige und damit England in die Pleite. Die Malvinas und das Argentinische Meer schwimmen doch auf Öl. Und jeder ist scharf darauf.«

»So weit ich weiß«, antwortete ich zaghaft, »haben doch die Generäle den Angriffsbefehl gegeben.«

José drehte sich zu mir und grinste. »Da staunst du, was! Das eine ist der Schein, das andere das, was dahinter steckt, die Wirklichkeit. Nach außen sieht alles so eindeutig aus, Angriff – Verteidigung, hinter den Kulissen aber gibt es Drahtzieher, die ›puta‹ Thatcher in exemplo. Nichts besseres konnte ihr passieren als der Angriff der Generäle.«

Es machte ihm Spaß, mir sein Amerikanisch vorzuführen. Margret Thatcher bedachte er mit Schimpfworten, von denen ›fucking bitch‹ noch das harmloseste war. Seine Verschwörungstheorien hatten etwas Schrilles und einen winzigen Kern Wahrheit: Immer war er davon überzeugt, daß alle Fäden der Weltpolitik im MI 5 oder in Downing Street Nr. 10 zusammenliefen und daß nichts geschah ohne den Willen und den Einfluß der Engländer.

Er stand auf Indie-Musik, die er während seiner langen Fahrten auf einem rot gepinselten Kassettenrekorder abhörte, dazu Punk, New Wave und argentinische Gruppen. Stolz war er auf seinen Brillantstecker im Ohr. Er hatte ihn von einer englischen Versandfirma gegen einen (wie er sagte) zweifelhaften Scheck bezogen. José klopfte mit der Hand auf das Lenkrad. Er war neugierig auf England, auf alles Englische. Er griff nach einer Kassette und steckte sie in den Rekorder. Die Stücke kannte ich nicht. José trommelte den Rhythmus auf sein Lenkrad, und die Gitarrenriffs und Kadenzen hörten sich wie gewisse Passagen bei ›Blood, Sweat and Tears‹ an. Dazwischen schrille, verzerrt klingende Cluster, als ob die Musiker die Saiten neu spannen und die Töne dabei verstärken würden. Nicht gerade mein Fall. José rief: »Ich kenne die Band. Manchmal bin ich dabei.«

»Du spielst mit?«

José lachte. »Nein – es ist mehr Organisatorisches und so.«

Er fragte mich nach meinen Erfahrungen mit Engländerinnen. Ich mußte passen und gestand meine Unerfahrenheit in diesem Punkt.

Sagte ihm aber, sie seien lustig und unkompliziert.

»Meinst du«, fragte er, »sie haben etwas gegen ›tipos argentinos‹?«

»Mit Sicherheit nicht!«

Meine Antwort gefiel ihm nicht besonders. »Vergiß es«, meinte er. »Wenn ich nach England komme, muß ich höllisch aufpassen.« Er zwinkerte mir zu. »Der Scheck.«

»Gefällt dir Argentinien?« fragte er nach einer Pause.

»Bis jetzt sehr. Ich fange aber erst an.«

»Das Land hier«, und er zeigte durch die Windschutzscheibe nach draußen, »ist seltsam. Es taugt eigentlich zu nichts, Wind und Staub. Und im Sommer ist es so heiß, daß der Asphalt an den Reifen klebt. Ständig hier leben?« – Er schüttelte den Kopf. »Klar, für Touristen wie dich ist das was Besonderes, wie die Wüste, aber für mich gibt es hier nichts.« Er trat auf das Gaspedal, und der Motor brummte auf. Der Tacho zeigte achtzig Meilen, der Wind zog in hohen Tönen durch die Ritzen zwischen dem Fahrerhaus und dem übrigen Aufbau. José wirkte nun etwas melancholisch, wie er über dem Lenkrad saß und mit schweren Lidern nach draußen blickte.

Eine Zeitlang fuhren wir schweigend. Die Straße zog sich wie ein dunkles Lederband in Richtung Horizont, nur eine winzige Welle in der Ferne unterbrach den schnurgeraden Verlauf. Tief stand die Sonne, und José hatte die Blende heruntergezogen. Ab und an gleißten helle, weiße Flächen auf, Wasserlöcher, auf deren Oberfläche sich das Sonnenlicht spiegelte. Man wurde schnell müde, wenn man so nach draußen sah.

Ich fragte José, ob er den Namen Chatwin schon einmal gehört hatte oder sein Buch kannte.

»Ein Buch über Patagonien? Eines mit leeren Seiten?« witzelte er. »Du weißt ja, was die Engländer mit Patagonien vorhaben.«

»Chatwin ist Waliser.«

»Schreib mir den Titel des Buches auf, mal sehen, ob's mir gefällt.«

Borges aber kannte er. Die Geschichte ›Der Süden‹

stand sogar in den Schulbüchern. José sagte: »Der Süden ist für einen Porteno die Pampa, das ganze flache Grasland, das Gaucholand, die Gegend bis zum Colorado. Borges ist ein Genius!« rief er mit lauter Stimme. Über Borges gab es, so José, viele Witze und Anekdoten.

Borges will heiraten, aber seine Mutter ist dagegen. Wieso willst du mit einer Frau dein Leben teilen, fragt sie ihn. Ich muß, antwortet Borges darauf. Ach so, seufzt die Frau Mama. Anders komme ich nicht an die Bibliothek ihres Vaters. Oder: Borges sucht nach einem Buch, das er geschrieben hat. In der ganzen National-Bibliothek ist es nicht aufzufinden. Niemand weiß, wo es in der Bibliothek steht. Schließlich findet man es – unter der Rubrik: Anonyme Geheimlehren. Borges gefällt das sehr gut.

Während ich vom Beifahrersitz aus die Landschaft sehe und im vibrierenden Rollen der Räder Wellen der Müdigkeit aufsteigen, fallen mir Bilder, Momente einer Filmszene, ein. Ein Mann sitzt im Fahrerhaus seines LKWs und im Hintergrund ziehen graufarbene Sandhügel vorbei. Es ist in Patagonien, und die seltsam blaugraue Farbe hängt zusammen mit dem nächtlichen Blau vor einem Café, das El Sur heißt und in dem sich zwei alte Männer über ihre Kinder, die Politik, das Leben und die Zeit unterhalten. Ab und an taucht ein Bandoneonspieler auf, mal unter einer Brücke, mal vor dem Café, mal mitten auf einem Platz, immer im kühltraurigen Blau der Nacht. In dem LKW fahren eine Frau und ein Mann nach Süden. Sie sind Teil der Geschichte, die erzählt wird und die der Bandoneonspieler mit heiserer Stimme besingt. Sie ist die Frau von Estegoyen, der während der Zeit der Diktatur, des ›schmutzigen Krieges‹, verhaftet wird. Spott, Schläge, Scheinexekutionen und Folterungen. Entweder man wird in ein Gefängnis geschafft oder getötet und irgendwo verscharrt. Ein Verschwundener, ein ›desaparecido‹, ein Nullmensch. Die Frau sucht ihren Mann, sie weiß, daß er in einem Gefängnis in Patagonien sitzt. Und weil sie ihn nicht sehen darf, ruft sie seinen Namen über die Mauer hinweg. Ruft in den grauen, patagonischen Himmel, die Hand als Schalltrichter am Mund. Und immer noch gilt: Wenn sie dich holen, weißt du nicht, ob sie dich foltern, töten oder bloß umquartieren wollen. Die Soldaten kommen. Der Morgen ist ein Morgen, keiner stellt eine Frage. Der Morgen ist grau und kalt, durch vergitterte Fenster ein bleiches Blaugrau – der Himmel.

Der Film heißt ›El Sur/Der Süden‹, und sein Regisseur ist Fernando Solanas.

Ich erzählte José von dem Film.

José schwieg und zündete sich eine Zigarette an. Nach einer Pause sagte er: »Das Militär will ihn töten. Sie hassen ihn.«

Und José erzählte mir eine andere Geschichte aus jener Zeit.

Während der Diktatur ging er noch zur Schule. Sein Lehrer war ein Trinker, der während des Unterrichts sein Fläschchen hervorzog und von der ›Medizin‹ sprach, der im Klassenzimmer rauchte und Zigaretten verschenkte, damit ihn die Schüler nicht verpfiffen. Ein müder Alter, den seine Frau, die einen Zeitungsstand an der Calle Florida führte, ›Sueno‹ rief: Schlaf. Ein gutmütiger Mensch mit tiefen Falten im Gesicht und einem nikotingelben Schnauzbart, der keiner Fliege etwas antun konnte.

»Weißt du, was sie mit ihm gemacht haben?« fragte er mich. »Abgeholt und halbtot geprügelt. Er stand auf ihren Listen, ein ›subversivo‹. Bei der Verhaftung bekam er einen Herzanfall. Aber die Geschichte geht weiter. Während er im Gefängnis sitzt und niemand weiß, wohin er überhaupt gekommen ist, haben sie seiner Frau den Zeitungsstand geplündert, irgendwelche gekauften

Banditen, und ihr klar gemacht, wenn sie weiterhin nach dem Verbleib ihres Mannes forscht, würde sie die Konzession verlieren.

Pakete hat sie als Antwort geschickt, Pakete mit Brot und Schinken, mit Zigaretten und ›Medizin‹. Die Pakete aber kamen fast alle zurück, und immer war der gleiche Vermerk daraufgestempelt: ›Empfänger unbekannt‹, und nach dem Ley Numero... darf keine Auskunft erteilt werden. Damit gaben sie aber zu, daß sie ihn hatten. Und eines Tages hat die Frau alle Stempel und Vermerke auf ein großes Blatt Papier geklebt und an ihrem Stand aufgehängt, so daß es jeder lesen und sich seinen eigenen Reim darauf machen konnte. Zwei Tage hing die Wandzeitung, dann flog der Laden in die Luft, als die Frau morgens die Tür öffnen wollte. Gasexplosion, stand in der Zeitung. Jeder wußte, daß der Geheimdienst dahinter steckte. Als ihr Mann im Herbst '82 entlassen wurde, hat er sich nach einem halben Jahr umgebracht. Wir haben ihn nie wieder gesehen. Das ist die Geschichte, die Geschichte von Don Oswaldo. Wir durften ihn mit dem Vornamen anreden, aber wir hatten auch Respekt.

Der andere Lehrer, Senor Bauchea, war ein junger und beliebter Mann. Sein Unterricht war selten langweilig. Er machte nie Witze, aber er überzeugte uns. Ein Mathematiker, vor dem jeder Schüler Respekt und nicht wenige Angst hatten. Senor Bauchea war gegen Lehrer wie Don Oswaldo, sie mochten sich nicht.

Dann wurde Senor Bauchea versetzt, und wir wußten nicht warum, doch der Rektor sagte, wir sollten uns um Senor Bauchea keine Sorgen machen. Sein Blick war dunkel und traurig, und wir ärgerten uns, weil er nichts sagte. Nach der Schule trafen wir uns und stellten Vermutungen an, aber erzählten niemandem davon. Für Don Oswaldo sprühten wir die Schulmauern voll. Freilich gab es auch andere Schüler, die mit allem einverstanden waren und Don Oswaldo einen Kadaver nannten. Später erfuhren wir, daß Bauchea an eine Offiziersschule gewechselt war, und es gab Gerüchte, er selbst habe für die Verhaftung von Don Oswaldo gesorgt. Gerüchte. Die Wahrheit wird man nie erfahren.

Heute ist Bauchea Direktor einer Armeeschule. Vielleicht steigt er noch weiter hinauf. Solche wie Bauchea gibt es viele«, schloß er die Erzählung.

»Habt ihr in der Schule später – also nach der Zeit der Diktatur – noch von Don Oswaldo gesprochen? Gab es irgendeine Art Rehabilitierung oder Erinnerung an Don Oswaldo, ein gerahmtes Foto, eine Gedenktafel?«

José schüttelte den Kopf. »1984 bin ich abgegangen. Am Ende war's so, als läge diese Zeit schon eine Ewigkeit zurück, als hätte es Don Oswaldo vor Jahrzehnten einmal gegeben. Es war merkwürdig, die Zeit war ganz fern gerückt, aber niemand in der Schule diskutierte groß darüber, wenn's auch in einigen Zeitungen Enthüllungen gab. Etwa über die desaparecidos. Aber das war lang vorbei, verschwunden, Geschichte, nichts zu machen.«

Vor uns tauchte die Silhouette eines Flughafens auf, mitten in der Steppe, wie aus dem Nichts. Ein Hangar, ein Rollfeld und das Abfluggebäude.

José gab mir die Hand und lächelte traurig. »Wenn du das nächste Mal nach England kommst«, sagte er, »schreib mir eine Karte.« Wir tauschten unsere Adressen, und sein hochbepackter LKW verschwand vor dem meerartig offenen Horizont.

Im Land der letzten Eiszeit

Einige Tage später sah ich zum ersten Mal Gauchos. Zwischen den zum Tal hin abfallenden Flanken des Monte Colorado ritten sie. Drei Männer in grauen Ponchos, die mit ihren dunklen, stämmigen Pferden den Bergpfad hinunterkamen. Ihre Schenkel hatten sie mit Leder geschützt und die Fesseln der Pferde mit Riemen umwickelt. Sie sahen müde aus und klopften mit den Zügeln rechts und links die Mähnen ihrer Pferde. Von mir nahmen sie keine Notiz.

Ich kletterte über den Zaun und trat auf das zähe, in dichten Büscheln wachsende Gras. Die Grashalme reichten bis zur Hüfte, und ich mußte aufpassen, um mich nicht an den scharfen Halmen zu schneiden. Die Büsche waren so miteinander verwachsen, daß sie selbst kleine Erhebungen bildeten: harte, biegsame Polster, die das Gehen schwer machten. Felsbrocken ragten dazwischen auf, blank gerieben vom Wind und rissig vom Frost.

Die Reiter verschwanden in einer Mulde, und wenig später sah ich sie zwischen den Pappeln der großen Estancia, die am Fuß des Berges lag. Hellblauer Rauch kräuselte aus dem Kamin, Hunde jagten aufgeregt hin und her, und ein Viehtransporter stand nicht weit vom Eingang entfernt. Im Pferch neben dem Haus war eine große Schafherde zusammengetrieben, und die Schafe blökten in den Himmel. Der LKW wartete mit herabgelassenen Laufbrettern, um die Tiere aufzunehmen. Die einzige Chance, so hatte ich im *Prensa de Santa Cruz* gelesen, war noch der Schaffleischmarkt im Nahen Osten. Und eine Delegation arabischer und iranischer Importeure, hieß es da, war von Nestor Kühn, dem Provinzgouverneur, empfangen worden.

Rinder trotteten in einen anderen Pferch. Die Männer waren von den Pferden abgestiegen und begrüßten den LKW-Fahrer. Dann verschwanden sie mit ihren Pferden am Zügel hinter dem Haus, und die Hunde jagten wieder um den Schafpferch herum.

Zwischen den Felsen stiegen Walter und ich den Hang hoch. In die Wand selbst einzusteigen, war schwierig. Man mußte eine Stelle finden, die ohne waghalsige Kletterei zu schaffen war. Zu allem Überfluß entdeckten wir in einer Felsnische über uns einen riesigen Kondor, der reglos auf einer Felskante hockte. Nur an der Bewegung der Augenlider, also wenn man sehr lange hinschaute, war überhaupt zu erkennen, daß der Riesenvogel wach war. Der Wind zauste seine Nackenfedern, aber der Vogel rückte keinen Millimeter zur Seite. Er wartete, bis die von der Kälte und den langen Wegen erschöpften Schafe umfielen und tot waren. Dann ließ er sich von der Kante fallen und schwebte über den sterbenden Tieren, bis alles Leben heraus war. Als ich den Vogel sah, dachte ich an Schauergeschichten. Er geht auf die Augen und reißt einem die Haut vom Schädel. Daß Kondore nur auf Aas gingen, beruhigte nicht, denn wer wußte das schon sicher? Und wenn der Vogel uns als Eindringlinge ansah? Gegen seine Schnabelhiebe und Krallen hatten wir keinen Schutz. Wir ließen ab von dieser Wand, gingen quer und fanden nach etwa hundert Schritten einen besseren Einstieg. Den Kondor behielten wir aber im Auge. Sein graubraunes Gefieder paßte perfekt zur Farbe der Felsen. Wenn man nicht genau hinsah, konnte man das reglose Tier für einen Felsvorsprung halten, der den Sims zweiteilte. Der weiß überzogene Stein zeigte: Hier war sein Brutplatz.

Unsere Aufstiegsroute war nicht gerade der direkte Weg, doch genauso steil und anstrengend. Ich kam ins Schwitzen. Der Wind grölte, wo er konnte, er war unnachgiebig. Den Blick nach unten mied ich. Aber auf

Felsvorsprüngen oder in trockenen Wasserrinnen, wo es also Halt gab, schaute ich mich um und hatte die ausgedehnte südpatagonische Seenplatte vor Augen. Die Südanden ragten am Fuß des Lago Argentino in den Himmel und spiegelten sich in der wellenbewegten Oberfläche immer aufs neue. Sie waren mit Schnee bedeckt und erinnerten mit ihren verschneiten Gipfeln an die Alpen.

Ich stieg höher und höher, bis ich das gesamte Panorama überblicken konnte: den breiten, U-förmigen Zug des Tales, an dessen Grund einst gewaltige Gletscher geflossen waren. Dort hatten sie riesige Rinnen und Hohlräume zurückgelassen, die jetzt der See füllte. Die Talsohle lag blank, wie kurz nach der Eiszeit. Kein Wald, kein Baum, ein paar Büsche und Gräser. Und der winzige Ort verschmolz mit der dunklen, aufgeschürften Erde. Die Eiszeit war gerade noch gestern gewesen. Jetzt lag das Land frei. Hier oben bewegte der Wind die Gräser, mal nach vorne, mal nach hinten, Wellen fuhren durch das Gras. Dann wieder stoppte die Luftbewegung abrupt, ganz still war es, aber nur, damit der Wind im nächsten Moment noch stärker über die Bergflanken fallen konnte.

Ein paar Guanacos sprangen die felsigen Abhänge hinab, verharrten kurz auf schmalsten Felsvorsprüngen, hoben witternd den Kopf und folgten den Felsflanken, bis sie nicht mehr zu sehen waren. Der Kondor flößte ihnen kurz Respekt ein. Einige Tiere kamen in unmittelbarer Nähe an ihm vorbei und stießen dabei knappe, hustenartige Laute aus. In der kleinen Mulde, in der wir saßen und uns ausruhten, erschienen zwei Nandus. Beide wakkelten mit dem Kopf und sahen wie große, graufedrige Hühner mit langen Stelzenbeinen aus. In ihren Blicken steckte Neugier. Ein wenig drehten sie den Kopf zur Seite, als wollten sie uns freundlich mustern, dann aber stolzierten sie davon.

Hier oben war unser Blick durch nichts mehr behindert. Kein Berg, der die Landschaft verdeckte, keine Felswand, die uns zu langen Umwegen zwang. Der Ausblick war ein weites, offenes Panorama, und die Luft färbte die Fernen leichthin bläulich.

Später, im Windschatten der oberen Felsen, hielten wir ein Picknick: Crackerkekse, Orangen, Erdnüsse und Quellwasser. Unter einem Felsvorsprung hatte Walter eine Quelle gefunden. Und während ich mich auf dem dicken Moos ausstreckte, sah ich wieder einen Nandu, der mit nervösen Sprüngen den Hang hinauflief und hinter einer Felsscharte verschwand. Nicht weit von uns, in einer muldenartigen Nische, die dicht mit gelbem Gras bedeckt war, ästen einige Gemsen, die uns nicht wahrnahmen, weil der Wind aus ihrer Richtung blies.

»My name is Maria« – sagte die freundliche Angestellte des Nationalparks ›Perito Moreno‹ in melodischem Englisch. Sie empfing uns an einem kalten, strahlenden Morgen und stellte sich als graduierte Studentin der englischen Sprache vor. Sie wollte uns den großen Gletscher zeigen. Der Nationalpark ›Perito Moreno‹ liegt am Ostrand der südpatagonischen Anden und beherbergt ein Naturdenkmal von seltener Schönheit: den Gletscher, der hier in den Lago Argentino mündet. Er entsteht in einem etwa 300 km langen und 75 km breiten Gletschergebiet, dem Campo de Hielo Gran Patagonico. Von dort aus fließen Gletscherströme nach Osten in die patagonische Ebene, und wo sie ins Flache treten, münden sie in große, türkisfarbene Gletscherseen, deren Wassertemperatur ganzjährig bei etwa 5 Grad liegt.

Bevor wir zu den Gletschern kamen, fuhren wir durch ein Tal mit einem breiten Talgrund, das wie ein Tor die Besucher einläßt. Zu beiden Seiten der Piste ziehen sich Stacheldrahtzäune entlang, auch hier wird noch Viehzucht betrieben, aber weder sah ich Schafe noch Rinder. Auf den Pfosten der Zäune hockten graugelb gesprenkelte Caracaras, südamerikanische Falken, die es in großer Zahl gibt. In der Luft schwebte der Kondor, und Maria erzählte uns, wo er nistet, wieviele Jungen er bekommt (höchstens zwei pro Jahr) und warum er nur Aas fressen kann (zum Beuteschlagen ist er zu schwer). Sie hielt an einer Stelle und zeigte uns Flamingos, graugefiederte Verwandte des tropischen Stelzenvogels. Ein französisches Ehepaar, das mit dabei war, fotografierte unermüdlich. Maria lachte. Kaum hatte sie irgendwohin gezeigt, machte es klick, klick, klick.

Die Landschaft war von seltsamer Schönheit: An den gerundeten Talflanken stieg das gelbbraune Gras bis zu den Kämmen hinauf, und dort oben bedeckten weiße Schneehauben die Gipfel. Die Talform hier kannte ich von den Alpen her. Breite, geschwungene Tröge mit steilen Wänden, die in einiger Höhe darüber in ungeglättete und zerklüftete Felswände übergehen. Bis dahin hat das Eis gereicht. Es waren typische Gletschertäler. Wir fuhren auf dem Grund ehemaliger Gletscherströme. Der entscheidende Unterschied zu den Alpen war aber, daß alles rauher und ungestalteter aussah. So, als wären die Gletscher erst vor ein paar Jahren oder Jahrzehnten verschwunden. Die Baumlosigkeit verstärkte noch diesen Eindruck. Nicht einmal Ginster oder andere Sträucher wuchsen hier. Nur am Ostrand des Lago Argentino gab es Birken, Douglasien und Kiefern, weiter landeinwärts verhinderte die Trockenheit den Baumbewuchs.

Ich fragte Maria, ob um den See herum noch Schafzucht betrieben würde. »Die geht zurück«, sagte sie. Ich erfuhr, daß es hier Farmer gab, die mit den Nationalpark-Behörden verfeindet waren. Zwar nutzten sie das Land nur sporadisch, aber sie waren nicht bereit, dem Staat Land zu verkaufen oder zu verpachten. Sie sahen sich als die Herren des Landes, fanden den Nationalpark überflüssig und wünschten die Touristen, die zum Lago Argentino kamen, zum Teufel. Dabei verdiente die Provinz durch die Besucher heute schon mehr Geld als durch die Steuern auf die Geschäfte mit Rindern und Schafen. Es gab also Streit. Die Provinzregierung hatte Interesse am Ausbau des Tourismus, die Viehzüchter aber bestanden auf ihren Rechten.

Chatwin hatte ein paar Estancien hier im Süden besucht und die Viehzüchter nach der Geschichte der Butch-Cassidy-Bande befragt. Die Siedler, berichtete er, waren die Nachfahren britischer Einwanderer, hochaufgeschossen und rothaarig und britische Skurrilität verbreitend. Aber schon Chatwin spricht davon, daß die Zeit der Viehzüchter vorbei sei. Nur einen traf er, der frohlockte. Es war der Sohn eines Züchters, der nicht mehr ins Internat mußte, weil sein Vater pleite war.

Achtzig bis hundert Meter hoch steigt das Eis am Perito-Moreno-Gletscher aus dem milchig-grünen See, und mitunter hängt die Eiswand sogar über und ähnelt großen Seeklippen. Durch das Eis ziehen sich helle oder dunkelblaue Schlieren von großer Leuchtkraft. Der Gletscher ist in tausend Zacken und Spalten zerteilt, sogenannten Serracs. Das tiefstehende Sonnenlicht trifft die Spitzen der Serracs, die weiß, türkis und in tiefem Blau funkeln, so als sei der Himmel darin eingefangen. Löst sich ein Eisbrocken von der Wand, was praktisch ständig geschieht, fällt er mit einem lauten Platscher ins Wasser. Es knirscht und knackt, es bricht und knallt, Eisstücke hageln in den See. Wellen werfen sich zum Ufer und schwappen hoch. Überall weisen Schilder darauf hin, daß es verboten ist, direkt ans Ufer zu gehen.

Maria schüttelte den Kopf. Es hatte schon Tote gegeben, weil die aufschwappende Flutwelle die Besucher ins Wasser gezogen hatte. Das Wasser im See war so kalt, daß man, einmal hineingefallen, wenig Überlebenschancen hatte. »Man kann doch auch so genug sehen«, rief Maria mir auf der Aussichtsplattform zu. Neben ihr stand das Ehepaar, und beide nickten mit dem Kopf. Aber ich hatte ja gar nicht vor, nach unten zu klettern! Der Franzose trug einen Fotoapparat an der linken Schulter und einen an der rechten und versuchte so, das Gesamtbild des Gletschers einzufangen. Dazu benützte er den linken Apparat, wie er mir erklärte, denn darauf hätte er ein Weitwinkelobjektiv, und wenn er etwas in Großaufnahme haben wollte, würde er zum rechten Apparat greifen, dem mit dem Teleobjektiv. Schon im Bus hatte er sich mit dem schönen Namen Bonheur vorgestellt und uns Biskuitkekse angeboten. Er reiste mit seiner sehr viel jüngeren Frau kreuz und quer durch Patagonien und war – ganz passend zum Namen – die Freundlichkeit selbst. Charlotte, seine Frau, war eher still, doch tatkräftig und entschieden. Sie betrachtete die Gräser und Blumen und versuchte, sie mit Hilfe ihres Buches genauer zu bestimmen. Maria konnte ihr nicht helfen, da sie – wie sie selbst sagte – von Pflanzen nichts verstand. Charlotte fand mitten zwischen trockenen Gräsern kleine, intensiv blau leuchtende Blüten, die an Enzian erinnerten. Maria staunte über den Spürsinn Charlottes.

Monsieur Bonheur war sozusagen dienstlich unterwegs. Er war Sekretär der ›Societé des Amis de Saint-Exupéry‹ und suchte in dieser Eigenschaft Orte und Plätze der Saint-Exupéryschen Vita auf. Ich war ihm auf Anhieb sympathisch, weil ich ihm meine frühe Begeisterung für den Dichter gestand.

Welch seltsamer Zufall! Das erste Mal hatte ich das Wort ›Patagonien‹ in einem seiner Bücher gefunden, und Großvater hatte vom Ende der Welt gesprochen. Jetzt war ich angekommen: Hier war das Ende der Welt. Der Gletscher, die blaue Eiswand mit ihren Spalten und Höhlen, ihrem Glitzern und Funkeln. Hier war das Ende und der Anfang der Welt. Eis, Wasser und Licht. Hier – wo sonst – mußte ich den Sachwalter des Saint-Exupéryschen Geistes treffen, der so gar nichts Kühnes und Eroberndes hatte, dafür aber Freundlichkeit und ein lächelndes Interesse für die Welt und die Menschen um ihn herum. Aus einer Tasche holte er den abgegriffenen Band ›Terre des Hommes‹ (›Wind, Sand und Sterne‹ – mein erstes Buch von Saint-Exupéry!) heraus und zeigte mir die Stelle, wo Saint-Exupéry über seinen Freund Guillaumet schreibt. Guillaumet ist seit fünfzig Stunden überfällig, und in den Anden herrscht Winter. Saint-Exupéry und Deley machen sich auf, ihn zu suchen. Monsieur Bonheur las es mir, den lichtfunkelnden Gletscher im Rücken, laut vor. Ich verzog mich auf einen der Felsen und schaute lange auf den Gletscher – das Ende der Welt. So sah es also aus. Ich war glücklich; ich hatte das Ende der Welt gefunden. Was ich mir als Kind im Bett, in meinen Wachträumen und kurz vor dem Einschlafen vorgestellt hatte – das war es. Ein funkelndes, das Licht in blauen und türkisfarbenen Schlieren einfangendes Eis. Das war die Region der Winde und der Ursprung der Welt. Hier waltete ein Geheimnis, ein Geheimnis, das andere auflösen mochten, ich nicht. Mir reichte es, vor diesem Eisgebilde zu sitzen und dem Spiel des Lichts auf den blanken Flächen zuzusehen. Natürlich war nichts Abenteuerliches dabei, ich war ein Tourist wie die anderen auch. Aber nur ich hatte die Reise ans Ende der Welt gemacht. Kein anderer hatte diese Worte im Kopf und erinnerte sich, was er einst damit verbunden hatte, eine Welt, die noch ganz für sich war, fern und unberührt von den Ansprüchen der Menschen.

Später fragte ich Maria nach dem Parkhüter, der in der Einsamkeit ›loco‹ wurde.

Sie lachte. »Ich wohne in der Stadt«, sagte sie, »ich habe keine Probleme mit der Einsamkeit. Aber es hat einen Jungen gegeben, weiter oben im Norden, der hat seine Hütte angezündet. Eine Nordamerikanerin hatte ihm den Kopf verdreht. Der Junge fuhr ihr nach.«

»Bis nach New York?« fragte ich.

»Ja, genau dorthin, wo sie lebte. Ich weiß nicht, wie er sich New York vorstellte.«

»Vermutlich so wie Gaimán – nur ein bißchen größer.«

Sie lachte. »So ungefähr, ja.«

»Normalerweise«, sagte sie, »ist der Patagonier in New York ein Indianer, dessen Porträt im Völkerkundemuseum hängt. Sein Schmuck und seine Waffen weisen ihn als mutigen und zähen Burschen aus. Das Gewissen der gut erzogenen Museumsbesucher wird durch die langen Schrifttafeln, die da hängen, beruhigt. Dort steht, wie furchtbar den Ureinwohnern von Argentinien mitgespielt wurde. Der lebendige Patagonier in New York hat aber keine Chance, noch dazu, wenn er blind vor Liebe ist. Der junge Mann hatte zwar ihre Adresse, aber sonst nicht viel, was man zum Leben in New York braucht.«

»Hat er nicht versucht, Arbeit zu finden?« fragte ich.

Maria schüttelte den Kopf. »Er kannte doch nur ein Ziel – diese Frau. Und so überraschte er sie in ihrer Wohnung irgendwo in Brooklyn. Dort wohnte sie aber nicht allein, sondern zusammen mit ihrem Freund, und der war natürlich nicht erfreut, einen patagonischen Indianer (so kam er ihnen gewiß vor) aufzunehmen, noch dazu einen, der sich in seine Frau verliebt hatte. Kurzum, es ging zwei, drei Tage so hin und her. Vermutlich hatten alle drei wahnsinnige Angst voreinander, aber dann mußte der Patagonier doch einmal die Wohnung verlassen, und daraufhin haben die beiden ihm die Tür nicht mehr aufgemacht. Als er das merkte, hat er das Treppenhaus, die Eingangstür unten und alles, was sich dort befand, zerlegt, so daß die Bewohner die Polizei alarmierten. Die Polizisten verprügelten ihn und nahmen Fingerabdrücke. Und als sie sahen, daß er kein Geld hatte und unglücklich war, haben sie ihn nach La Guardia transportiert, ihn in eine Maschine der Aerolineas Argentinas gesetzt und heimgeschickt. In Buenos Aires war die Endstation das Gefängnis, denn der New Yorker Hausbesitzer und die Polizei präsentierten dem argentinischen Konsulat in New York eine Rechnung, die nicht von Pappe war. Also wanderte er für sechs Monate in den Bau. Mittlerweile aber war er schon berühmt, denn die *New York Times* hatte unter der Rubrik ›Kurioses & Lokales‹ seine Geschichte herausgebracht.

»Und was ist aus ihm geworden?«

»Alle waren stolz auf ihn. Was für ein Mann! hieß es. Seine Strafe mußte er nicht absitzen. *La Prensa*, die die Geschichte brachte, bezahlte seine Schulden. Er wurde interviewt und gefilmt. Dann fuhr er nach Patagonien zurück, bezog seine Hütte wieder, aber schon am dritten Tag drehte er durch. Er zündete das Haus und die Funkstation an und floh über die Grenze nach Chile. Vielleicht lebt er jetzt dort. Oder er nahm das Flugzeug zurück nach New York. Seine Spur verliert sich.«

Ich wurde nachdenklich. Offenbar gab es so etwas wie umgekehrte Sehnsucht. Wie ich mich mitten in Europa hierher, nach Patagonien, gesehnt hatte, so sehnten sich einige Patagonier von hier fort. Auch ans Ende der Welt.

Für jeden liegt es woanders.

Gruß vom Gondwana-Land

Am Fuß der Kordillere der zugefrorene Lago Argentino. Die kleine Lagune bedecken Eisschollen von unterschiedlicher Größe, und auf dem Eis spiegelt sich die milchige Sonnenscheibe. Es ist wie auf alten holländischen Gemälden, die Farben schimmern durch die grauen und braunen Flächen hindurch. Der Morgen liegt kalt über Südpatagonien. Ich gehe vorsichtig auf knisterndem Eis. Walter will Flamingos fotografieren, die im offenen Wasser mit Schnäbeln nach Freßbarem suchen. Sie sind äußerst scheu.

Ich denke über meine gestrigen Erlebnisse nach. Das Gehen erzeugt eine Raumnähe, eine Unmittelbarkeit, die man – so zwischen Flugzeug, Auto und Bus – leicht verliert. Aber erst im Gehen messe ich das richtige Verhältnis aus, werden Begriffe wie ›weit‹ und ›nah‹ wieder auf ihr natürliches Maß bezogen. Das wirkt auf das Bewußtsein. Dazu kommt: Wer geht, atmet in einem angemessenen Rhythmus. Er geht, atmet ein, atmet aus. Das ist nicht sehr viel, aber das Entscheidende. Chatwin sprach nie vom Gehen selbst, aber seinem Stil ist die Geduld des Zu-Fuß-Gehens anzumerken.

Später wandere ich am See entlang. Ich gehe wie in der Steppe. Manchmal ein Stolpern, manchmal ein Hüpfen. Ich umrunde die großen Steine, die seit der Eiszeit hier liegen. Der See ist an den flachen Lagunen eine dünne, blaue Eisblase, unter der die Fische entlanggleiten.

Ein seltsam geformter Stein macht mich neugierig. Von der Seite wirkt er wie behauen, und ich erkenne ein Profil. Der Stein erinnert mich an Skulpturen, die ich in ägyptischen Museen in Berlin oder Paris gesehen habe. Das könnte ein Löwenkopf sein, wie mit geduldiger Hand aus dem Stein gehauen. Einige Stellen sind glatt und gleichsam poliert. Die kupferfarbene Tönung des Steins changiert zwischen Hellgrau und Rot.

Die Erosion war der unermüdliche Bildhauer. Das Hin und Her während des Gletschertransports, die Zufälle aus Wind, Eis und Regen haben dieses Antlitz geformt. Eine Stele, die einen magischen Reiz ausübt. Ich beginne, allerlei Geheimnisse darin zu sehen. Entweder ist der Stein der Überrest einer fremden, vielleicht sogar von den Ägyptern beeinflußten Kultur, oder die hier lebenden Indianer haben diesen Stein am See zu magischen Kulten gebraucht und hatten ihm, ohne von den ägyptischen Gottheiten zu wissen, eine ganz ähnliche Form gegeben. Vielleicht gibt es Querverbindungen der Weltkulturen und Religionen, von denen wir nichts ahnen. Vielleicht sind Atlantis, Avalon, Kolchis und Patagonien Eckpunkte eines geistigen Raumes, den das Einzelbewußtsein gar nicht zu fassen vermag, von dem es aber unklare, lückenhafte Kenntnisse hat. Und das Reisen wäre dann nichts weiter als der Versuch, die anderen Stücke des Puzzles zu finden. Aber das war mir zu geheimniskrämerisch, zu spekulativ. Da war kein anderes Geheimnis als die Phantasie, die Kindheitserinnerungen und die eigene Sehnsucht. Also sehr persönliche Gründe, eine Reise zu machen.

Calafate besteht aus Flachbauten und Erdpisten, nur hundert Meter der Hauptstraße sind asphaltiert. Die Fußgängerwege sind breit und aus gestampftem, im Winter festgefrorenem Lehm. Dazu kommt das blanke Eis, vor dem man auf der Hut sein muß. Das nächste Krankenhaus, der nächste Orthopäde befinden sich 300 Kilometer weiter östlich. Im Bus fünf Stunden. Die Erdpisten führen einen terrassenartigen Hügel hinauf, der zwei, drei Häuser trägt (Einfamilienhäuser, flache Bungalows) und dann ist der Ort schon zu Ende, und die patagonische Einsamkeit beginnt. Auf der anderen Seite der Hauptstraße, zum See hin, stehen einige kleine Hotels. Die meisten haben allerdings zu dieser Jahreszeit geschlossen. Monsieur Bonheur und seine Frau wohnten im Gästehaus ›Santa Cruz‹. Beide winkten mir aus dem Fenster zu, als ich an ihrem Haus vorbeikam. Monsieur Bonheur hatte mir noch seine Adresse gegeben, ich könnte Mitglied werden, meinte er verschmitzt. Jahresbeitrag: 300 Francs.

»Wenn Sie etwas über die Geologie dieser Region wissen wollen, müssen Sie O'Derry besuchen«, hatte mir Maria gesagt. »Einfach so?« »Natürlich, er freut sich über jeden Besucher, und vormittags ist er fast immer zu Hause.« Also ging ich zu O'Derry.

Im Vorgarten seines blau gestrichenen Bungalows stand er und zog zwei Holzstecken heraus, die zu einigen Rosenbüschen gehörten. Ich hatte den Eindruck, daß ihm Maria Bescheid gesagt hatte, denn er schien mich zu erwarten. O'Derry sah wie einer der Nachfahren der britischen Siedler aus: groß, blond, mit schütterem Haar und sehr hellhäutig im Gesicht. Seine Wangen waren gerötet, und sein rechtes Auge tränte.

»Eine scharfe Kälte, heut morgen«, sagte er auf Englisch und sah mir genau ins Gesicht, wie um die Überraschung auszukosten.

»Mir macht das nichts aus«, antwortete ich. »Kälte gibt Klarheit.«

Er pfiff kurz durch die Lippen, als gefalle ihm die Antwort, dann bat er mich in sein Haus. ›O'Derry‹ stand auf dem Türschild.

»Sie trinken Tee?«

»Gern«, sagte ich, »aber es muß nicht unbedingt Maté sein.«

O'Derry pfiff wieder durch die Lippen. »Maté-Trinker«, meinte er, »können nur Argentinier sein. Man muß den Tee schon mit der Muttermilch geschmeckt haben. Sonst geht es nicht.« Bevor er in der Küche verschwand, um das Teewasser aufzusetzen, führte er mich durch den schmalen Flur in das Wohnzimmer, das nach hinten hinaus lag und mit einem großen Wintergarten die rückwärtige Front des Hauses abschloß.

Das winterliche Sonnenlicht, das jetzt von Südosten kam, wurde durch die Pflanzen gefiltert, und ein angenehmes Zwielicht herrschte im Raum. Überraschend warm war es hier drin, der Wintergarten schien die Sonnenwärme im Zimmer zu halten. Beim Herumschauen entdeckte ich einen in die Wand eingelassenen Kamin, in dem glühende Scheite zerfielen. Über der Marmorkonsole hingen einige Landschaftsaquarelle, wie auch auf der Wand gegenüber. Keine südamerikanischen Motive, sondern eher Englands oder Irlands grüne Hügel. Auf dem Bücherregal waren geologische Bücher aufgereiht, fast alles englische Titel.

Als er wieder erschien, fragte ich: »Sind Sie Geologe?«

»Wollte ich mal werden«, antwortete er. »Das hat aber nicht geklappt. Vielleicht macht mein Sohn etwas in der Richtung. Ich bin sozusagen nur Freizeit-Geologe. Sonst führe ich ein Restaurant. In der Sommer-Saison: Fish & Chips und Wiener Schnitzel«, sagte er und lachte dabei.

»Ich habe versucht«, erzählte ich, »mit dem Zug nach Gaimán zu fahren, aber der Zug kam nicht.«

»Stimmt! Sie haben die Bahnlinie aufgegeben, aber so weit ich weiß, gibt es Busse«, antwortete er.

»Ich wäre gern mit dem TREN PATAGONICO gefahren. Ich habe ein Buch, in dem sind Fotos von der patagonischen Eisenbahn zu sehen. Es sieht aus wie am Ende der Welt.«

O'Derry schaute mich etwas erstaunt an. »Ich glaube«, sagte er dann, »es gibt noch einige Linien, hin und wieder fahren Züge, auf jeden Fall. Aber nur Gütertransporte: Schafe, Rinder, Düngemittel.«

»Das Buch mit den Fotos war von einem Briten. Chatwin heißt er«, fügte ich noch hinzu.

O'Derry überlegte, dann schüttelte er den Kopf. »Ich kann mich nicht an den Mann erinnern. Soll er hier gewesen sein?«

»Ich glaube schon. Vielleicht war er auch mehr auf den südlichen Estancias, von denen er schreibt. Die sind doch noch im Besitz englischer Siedler?«

»Behauptet Chatwin das?« fragte O'Derry. »Das ist nicht mehr ganz zeitgemäß«, sagte er dann. »Die meisten, die noch wirtschaften – viele haben ja aufgegeben – gehören einheimischen Familien, manche haben englische Vorfahren, aber andere sind rein argentinisch. Außerdem spielt die Herkunft keine große Rolle mehr. Das Geschäft läuft für alle gleich schlecht. Wer kann heute noch an Schafzucht verdienen?«

»Gibt es neue Siedler hier? Ich meine Auswanderer, die Landwirtschaft betreiben wollen?«

O'Derry lachte trocken. »Nein, nein, nichts von solchen Abenteurern.«

»Als Kind habe ich vom Auswandern geträumt«, sagte ich. »Bis ans Ende der Welt wollte ich gehen.«

»Da haben Sie schon die richtigen Träume gehabt«, entgegnete er, »von Patagonien aber träumten Sie sicher nicht.«

Ich erzählte ihm von meinen Vorstellungen damals, als ich im Katschtal vom Ende der Welt geträumt hatte und wie diese Vorstellung nicht aus meinem Kopf verschwunden war.

O'Derry sagte: »Jetzt sehen Sie, wie langweilig dieses Ende der Welt aussieht.« Er lachte amüsiert über das Wort.

»O nein«, rief ich, »langweilig ist das überhaupt nicht.«

»Stammen Sie von hier?«

Er schüttelte den Kopf. »Allerdings nicht. Es ist eine ziemlich verworrene Geschichte. Nicht gerade das, was man an einem Wintermorgen einem Fremden erzählt. Aber Sie sind mir sympathisch«, sagte er. »Der Traum vom Ende der Welt, das es irgendwo gibt. Ich glaube, so etwas habe ich auch geträumt. Abenteuergeschichten als Schuljunge, ja das auch. Aber Patagonien, das Ende der Welt – ?« Er wurde nachdenklich.

»Nein, ich bin nicht von hier, gewiß nicht. Ich komme aus Belfast und war genauso ein Junge wie Sie, wirklich nicht anders. Aber wer in dieser Stadt aufwächst, ist eben doch anders, ob er's will oder nicht. Die Kindheit ist anders, die Jugend, alles, obwohl man selbst kein bißchen anders ist als ein Junge in England oder auf dem Kontinent.

So gerät man irgendwann in eine Situation, aus der es keinen anderen Ausweg gibt, als wegzugehen. So ist das. Und wenn man weggeht, dachte ich, dann wirklich. Dorthin, wo all das andere keine Rolle mehr spielte, weder London noch Manchester, sondern Südamerika. Ja, vielleicht hatte ich wirklich zu viele Abenteuergeschichten gelesen.« Er lachte wieder.

»Und wann sind Sie weggegangen?« fragte ich.

»Vor über achtzehn Jahren, ist also schon eine Weile her.«

»Und Sie waren nie wieder zu Hause?«

»Nein, warum auch. Mein Vater ist schon lange tot, und meine Mutter hat wieder geheiratet. Für meine Schwester bin ich irgendein Seemann. Vielleicht glaubt sie sogar, daß ich auf irgendeiner Südsee-Insel sitze und Kokospalmen züchte und warte, daß sie von selbst vom Baum fallen. Zu Hause – was ist das? Sie waren vielleicht schlauer als ich. Sie haben die Bücher gelesen, sind aber zu Hause geblieben und gehen jetzt auf Entdeckungsreisen.«

Ich schüttelte den Kopf: »Das gewiß nicht!«

O'Derry fragte mich, was ich studiert hätte. Geographie – das gefiel ihm.

»Schreiben Sie jetzt auch von mir?« fragte er dann.

»Ich ändere die Namen«, sagte ich.

»Es gab einen Deutschen«, meinte er nachdenklich werdend: »Humboldt war sein Name, der ist vor über hundert Jahren in die Anden gefahren und hat das erste wissenschaftliche Werk über die Andenvulkane und die wichtigsten Pflanzen geschrieben. Ich habe mal versucht, es in Buenos Aires zu bekommen, aber das war unmöglich.«

Ich fragte ihn, ob er an dem Band – auch in deutscher Sprache – noch interessiert sei.

»Sicher!«

Ich schrieb ihm den Titel auf, den ich im Kopf hatte: Alexander von Humboldt: ›Ansichten der Natur‹. In der Anderen Bibliothek war ein Auswahlband mit seinen Aufsätzen über Südamerika erschienen. Ich versprach O'Derry, ihm das Buch zu schicken.

Wir traten aus dem Wintergarten heraus, und er zeigte mir, was er im Sommer pflanzte: Gurken, Stachelbeeren, Rhabarber, Bohnen und Salatköpfe. Die Beete waren mit feiner, dunkler Erde und trockenem Laub bedeckt. Zwei kleinere Beete hatte er mit Plastikplanen geschützt. Hier sollten im Frühling die ersten Zwiebeln kommen. Er war stolz auf seinen Garten. Normalerweise sei es für Gemüse zu kalt, aber er habe seine Tricks. Er zeigte schmunzelnd auf den Misthaufen und die eingerollten Plastikplanen.

In der Ferne sahen wir die Felsnase des Mt. Mageno, und ich erzählte ihm, daß ich oben gewesen war. Ich fragte ihn nach dem Mt. FitzRoy.

Er pfiff durch die Lippen. »Das ist wahrhaft kein Spaziergang dort hinauf. Nur was für Kletterspezialisten.

Aber von hier aus muß man mit dem Jeep erst einmal sechs Stunden fahren, bevor man den ersten Haken einschlagen kann.«

Die Geschichte mit dem Katzenstein fand er amüsant.

»Ja, es ist seltsam«, meinte er nachdenklich, »um den See herum hat es zum Beispiel viele Cairns, aus Steinen geschichtete Grabhügel. In Irland würde jeder sagen, das haben die Kelten gemacht. Grabhügel um Grabhügel. Aber hier waren es die Gletscher. Die Kelten zogen zwar nach Westen, aber nach Patagonien kamen sie gewiß nie. Was sollte sie auch hierher locken? Außerdem – die Kelten waren ja ursprünglich keine Seefahrer. Sie waren Reiter, Krieger, Bauern. Und die Indianer haben nie solche Steingräber angelegt. Nein, das alles haben die Gletscher geschaffen. Das Gebiet hier ist erst in diesem Jahrhundert besiedelt worden. Vorher sind die Indianer durchgezogen, aber dauerhaft blieb niemand hier. Das Land gab ja nichts her.«

Er erklärte mir, daß der See mit seinen Gletschern wie ein riesiger Eisschrank wirkt. Auch im Sommer kann er sich nie erwärmen. So finden sich unmittelbar um den See herum Flechten und Moose wie in der Tundra, während es sonst Steppengras und Ginster gibt.

Wir kamen über Darwin ins Gespräch. Darwin hatte in seinem Tagebuch die Vermutung angestellt, daß heute der Rio Santa Cruz in einer ehemaligen Meeresenge, der Magellanstraße ähnlich, fließt. O'Derry pfiff wieder, indem er die Lippen spitzte. Offenbar hatte er sich auch mit dieser These befaßt. »Es ist so«, sagte er nach einer Pause, »die versteinerten Muschelbänke, die Darwin als Beweis anführte, sind viel älter, als er vermutete. Sie gehören zum Gondwana-Plateau, also dem südlichen Teil des Urkontinents.«

»Trotzdem bleibt die Frage, wie kamen sie dahin?«

»Vermutlich gehörte dieser Teil des Urkontinents zu

einer großen Küstenregion, in der sich (vielleicht durch Eiszeiten) ein Wechsel von Meeresüberflutung und Rückzug vollzog.«

Er stand auf, ging zu einem Glasschrank, in dem er Steine und Versteinerungen aufbewahrte, nahm ein Stück heraus und zeigte mir ein größeres Konglomerat, in dem deutlich die versteinerten Muschelschalen zu erkennen waren.

»Jetzt muß ich nur noch Salzsteine finden, dann ist die Theorie komplett«, sagte er vergnügt.

Mit den Salzsteinen war die Theorie vom Meeresrückzug zu belegen. In Buchten und Lagunen blieb (auch bei einem Rückzug des Meeres) Meerwasser, das austrocknete und in Salzlagen kristallisierte.

Er tat geheimnisvoll, als er einen anderen Stein aus dem Schrank nahm. »Und jetzt schauen Sie mal«, sagte er.

Auch das war ein Konglomeratstein mit Muschelversteinerungen, aber an einer Stelle waren deutlich helle Mischkristalle zu erkennen. Er leckte daran. »Tun Sie's auch!« rief er.

Tatsächlich, es schmeckte salzig. »Das ist doch der Beweis!« sagte ich.

O'Derry lachte und zog die Schultern hoch. »Ein Salzstück reicht noch nicht für die ganze Theorie. Ich muß weitersuchen«, sagte er.

»Und was meint die Wissenschaft?« fragte ich.

Er lächelte. »Mein Sohn sieht das alles skeptisch, aber er hört immerhin zu. Und alle Funde will er sehen.«

O'Derry zeigte mir noch einige Porphyrsteine, die er bei seinen Streifzügen gefunden hatte. Sie waren mit einem Anschliff versehen, so daß man Farbe und Musterung der Kristalle gut erkennen konnte. Feuerrote und violett gesprenkelte Flächen von leuchtender Farbkraft. Die Steine bewiesen, was auch schon Darwin vermutet hatte: Hier in Südpatagonien fanden sich Steine aus allen geologischen Zeiten und tektonischen Vorgängen.

O'Derry holte noch einige bizarr geformte Basaltstücke aus seinem Schrank, Stücke von den aktiven Vulkanen Maipo und Corcovado, erstarrte Laven aus jüngster Zeit.

Aus seiner Schublade nahm er ein Buch: Charles Darwin ›The Voyage of the Beagle‹ in einer Ausgabe von 1910.

»Kommen Sie wieder!« sagte er, als er mir die Hand gab und mich durch seinen Vorgarten hinausbegleitete.

Einige Tage später die Fahrt nach Rio Gallegos. Dreieinhalb Stunden durch Schnee und Dunkelheit. Ab und an hoppelte ein Hase quer über die verschneite Straße. Nach Osten zu hatte es wieder mehr Schnee, rechts und links von der Straße lagen hohe Schneewehen. Wenn der Scheinwerfer sie traf, glitzerten die Kristalle im Licht. Kalt war es, weit unter Null. Der Schnee knirschte unter den Reifen. Im nächtlichen Himmel sah ich Sterne blinken. Hinter den Verwehungen dehnte sich unter den weit ausgestreckten Schneeflächen die patagonische Steppe. Die dunkle Mauer der Kordilleren lag in unserem Rücken, wir fuhren der atlantischen Küste zu. Neben mir im Kleinbus schliefen alle. Ich war seltsamerweise überhaupt nicht müde. Ich starrte in die Nacht hinaus, als könnte ich in dieser kalten, verschneiten Dunkelheit den Tag erkennen. Die Reifen des Busses mahlten sich im Schnee vorwärts. Hin und wieder rutschte das Heck zur Seite, aber dem schweigsamen Fahrer gelang es immer wieder, das Fahrzeug aufzufangen. Als wir nach zweieinhalb Stunden in L'Esperanza, einem Café und Treffpunkt aller Busse an diesem verschneiten Morgen in Südpatagonien, Halt machten, schaute ich in den nachtdunklen Himmel und sah das Kreuz des Südens. Was ich in Puerto

Madryn nicht gefunden hatte, war hier deutlich zu sehen, über dem Dach des Cafés hell und strahlend. In irgendeinem Gedicht – vielleicht bei Neruda – hatte ich einmal gelesen, daß es die geheime Brosche am Leib der Nachtschönen sei. Astronomisch nüchtern gesagt, ist es ein Teil des südlichen Sternbildes, Orientierungspunkt und nautischer Stern, er weist nach Süden.

Im Café herrschte trotz der frühen Morgenstunde Hochbetrieb. Fahrgäste mit verschlafenen Gesichtern saßen an den Tischen oder lehnten an der Theke. Es gab Kaffee und süße Medialunas, ein croissantähnliches Gebäck, dessen Blätterteig am Gaumen klebte und einen matten, zuckrigen Geschmack hinterließ.

Der Busfahrer hupte zweimal, und wir stiegen wieder ein. Am östlichen Horizont hellte ein grauer Schimmer den Himmel auf. Er hatte noch nicht die Mitte des Firmaments erklommen und schwebte wie eine helle, fedrige Wolke über dem Land.

Ein kleiner, fünfjähriger Junge schlief neben mir. Anfangs hatte er sich an seinen Vater hingekuschelt, als der aber den Platz mit dem größeren Bruder tauschte und sich nach hinten setzte, schob der Große den Kleinen immer wieder von sich weg und zu mir hin. Der Junge seufzte im Schlaf und schmiegte sich unter meine Achsel. Ab und an öffnete er die Augen und schien wie im Traum zu schauen, sehr fern und ganz in sich versunken.

Boomtown auf der Winterinsel

›Ich kam durch drei langweilige Städte, San Julián, Santa Cruz und Rio Gallegos‹, schreibt Chatwin. Und Rio Gallegos war im Morgengrauen wirklich nichts Besonderes. Eine breite, zweispurige Hauptstraße, flache ein- oder zweistöckige Bauten, die in Aussehen und Baustil an nordamerikanische Provinzstädte erinnerten. Tankstellen und zwei Cafés mit roten und blauen Leuchtschriften: Bar & Buffeteria. Schneehaufen lagen an den Strassenrändern, und auf den Gehwegen war der Schnee dunkel vom Staub.

»Wollen Sie nach Comodoro?« fragte mich ein Mann mit einer heiseren Stimme.

Ich schüttelte den Kopf.

Der Mann stand auf der anderen Straßenseite und hatte die Tür eines VW-Busses in der Hand. Einige müde aussehende Männer warteten schon am Bus und wollten einsteigen. Ich las auf der Wagentür den Namen des Mannes: ›Georg Seyfritz‹.

»Sind Sie Deutscher?« rief er mir zu.

»Fällt das so auf?« rief ich zurück.

»Nein.« Er kam auf meine Straßenseite. »Aber ich kenn' hier fast jeden, und man hat mir gesagt, daß heute zwei Deutsche aus Calafate herüberkommen.« Er räusperte sich und spuckte zu Boden. »Gestatten, Seyfritz!« Er gab mir die Hand und lud mich zu einer Tasse Kaffee ein. Die dritte an diesem Morgen.

»Sie haben Glück gehabt«, sagte Seyfritz. »Eigentlich waren für heute Schneefälle angesagt, und dann geht gar nichts mehr.«

»Fällt hier so viel Schnee?«

»An manchen Tagen schon. Dann wird die Buslinie Richtung Calafate und El Turbio eingestellt. Und Sie brauchen gute Skier.« Er lachte, als hätte er einen Witz gemacht. »Es ist vor allem der Wind, der die Straße zuschüttet, da muß es gar nicht tagelang schneien, der trockene Pulverschnee und der Wind reichen vollauf. Sie kennen Patagonien nicht!« sagte er und freute sich, daß er mit seinem Wissen alles zurechtrücken konnte. »Der Winter ist völlig unberechenbar, mal schneit es wochenlang nicht, dann in einer Nacht so viel wie in den Bergen. Und der kalte Wind dazu! Mal ein Jahr keinen Tropfen Regen, dann wieder vierzehn Tage hindurch Unwetter, daß alles in den Fluten ertrinkt.« Er hatte schon alles, wie er sagte, mitgemacht. Er fuhr mit seinem alten VW-Bus dreimal die Woche über San Julian und Puerto Deseado nach Comodoro Rivadavia, und im Sommer setzte er noch zwei Busse zusätzlich ein. Calafate, Mt. FitzRoy, Magellanstraße – das alles hatte er im Programm. Man konnte Seyfritz auch als privaten Fahrer mieten, der auf ganz individuellen Strecken – wie er betonte – durch Südpatagonien fuhr.

Ich fragte ihn, wer so etwas buchte.

Seyfritz, dessen Gesicht ganz aus Wülsten zusammengesetzt schien, versteckte seine Augen hinter zusammengezogenen Augenbrauen und suchte nach einer Antwort.

»Reiche Leute natürlich. Also«, er druckste etwas herum, »Leute, die sich das leisten können. Jäger und andere, die fischen wollen.«

»Was kann man denn hier jagen?«

Seyfritz' Gesicht straffte sich: »Hirsche, Guanacos, Nandus, Füchse, Luchse und so weiter.«

»Sind die nicht geschützt?«

Seyfritz sah mich spöttisch an. »Ja und nein, kommt immer darauf an, was Sie anlegen wollen.«

»Und die Leute zahlen?«

Seyfritz war das Thema unangenehm. »Viele«, sagte er, »die ich herumfahre, wollen auch nur fotografieren oder mögen Busreisen nicht. Oder sind Gäste der Regierung oder des Gouverneurs. Letzthin habe ich den Botschafter der Volksrepublik China hier herumgefahren. Ich hab für solche Fahrten einen Geländewagen extra. Aber für die da«, er zeigte nach draußen, »reicht der VW-Bus.« Er schaute durch das Fenster des Cafés, stand auf, öffnete die Tür und rief den vor seinem Bus Wartenden etwas auf Spanisch zu. Dann kehrte er an den Tisch zurück und bestellte noch eine Portion Medialunas. Ich lehnte dankend ab. Aber irgendetwas sollte ich noch trinken. Seyfritz bestand darauf. Also bestellte ich einen Cognac. Er tat das gleiche, wollte aber einen ›doppelten‹.

»Man muß sich hier nicht fürchten«, sagte er. »Jeder kann Geschäfte machen, man darf's halt nicht zu eng sehen.« Er machte mit der Hand ein Zeichen, ich beugte den Kopf vor.

»Hier hat vor allem die Armee das Sagen. Ohne oder gar gegen sie läuft hier überhaupt nichts. Die können dir von einem Tag auf den anderen das Auto beschlagnahmen, da kannst du gar nichts machen. Zum Gericht? Anwälte?« Seyfritz zuckte mit den Achseln. »Wohl dem, der's versucht! Und wenn die Armee das Jagen erlaubt, und ich Gäste habe, wer soll mich daran hindern, die Leute herumzufahren? So ist das. Die argentinische Armee ist doch nicht die Bundeswehr! Hier hat jeder einen Mordsrespekt vor denen. Und da hat die Geschichte auf den Malvinas gar nichts verändert, zumindest hier im Süden nicht. Eher im Gegenteil. Die sitzen fester im Sattel als vorher. Also für Kriegsdienstverweigerer und solche Gesellen ist hier kein Platz!«

Seyfritz, ein gebürtiger Berliner, machte aus seiner Abneigung gegen Linke und Anarchos, wie er sie nannte, keinen Hehl. Die Anarchos waren in seinen Augen Schmarotzer.

Wesentlich zurückhaltender war er, als ich ihn fragte, wie es ihn überhaupt hierher verschlagen hatte.

»Ach ja«, meinte er zögernd, »das hat sich so ergeben.«

»Aber warum gerade so weit von Berlin weg?«

Seyfritz zuckte mit den Schultern. »Hat schon seine Gründe«, sagte er. »Ich habe mich zu Hause nicht mehr sicher gefühlt. Wer wußte schon, ob der Russe kommt oder nicht. Ich hatte keine Lust, für den Iwan zu schuften oder eingesperrt zu werden.«

»Und hier fühlen Sie sich sicher?«

»Absolut sicher!« rief er. »Dafür sorgt schon die Armee!«

Seyfritz schlug mir vor, uns nach Punta Arenas zu fahren. »Ich kann euch auch ein paar Plätze zeigen, die landschaftlich das Schönste sind, was es hier unten im Süden gibt. Ich bring' euch pünktlich auf die Fähre. Die Leute kennen mich, und selbst, wenn wir uns verspäten, warten die. Ich habe Funk im Auto.«

Das Angebot war nicht schlecht, aber Seyfritz mußte vorher noch die Männer, die vor dem Café warteten (Hilfsarbeiter für die Ölförderung, wie er sagte), nach Comodoro bringen und so lange wollte ich nicht warten.

»Ich treff' meine Landsleute gern«, sagte er zum Abschied.

»Und – wann fahren Sie nach Berlin zurück?« fragte ich ihn, »jetzt sind die Russen doch fort.«

Seyfritz verbarg ein Lachen in seinen Kinn- und Bakkenwülsten und überquerte die Straße. Als ich ihm nachwinkte, hupte er und zeigte mit dem Daumen nach oben.

Der Wind hatte aufgefrischt und blies unangenehm kalt über die leere Fläche des Parkplatzes, Papierfetzen und Kartonreste wirbelten herum. Ich konnte das Schleifen des Papiers hören, und es klang, als ob jemand mit hoher Stimme schimpfte. Staub wirbelte in kleinen Kreiseln auf, Staub, der über die Schneereste fegte. Ich nahm meine Tasche und marschierte zum Flughafen.

Im Flugzeug der LADE in Richtung Feuerland. Die Maschine fliegt niedriger als die normalen Düsenjets, und da die Fensterluken unterhalb des Flügels angebracht sind, hat man einen wunderbaren Blick auf das Land. Tief verschneite Hügel, an deren Flanken dunkle Baumreihen die schneeweißen Flächen begrenzen. Dazwischen die silbernen Fäden der gefrorenen Flüsse. Dann wieder vollkommen freigewehte Stücke in Schwarz und Grau. Schnee und Eis haben die Landschaft geformt. In den flachen, muldenförmigen Talsohlen Hunderte von Rinnsalen. Ab und an zieht eine schnurgerade Linie hindurch, die von anderen Linien gekreuzt wird. Holzfäller-Pisten, die durch die Wälder schneiden. Wir nähern uns der Magellan-Straße, von oben zunächst ein breiter, nach Norden reichender Meeresarm. Genau unter uns das Cabo Virgenes. Das Flugzeug folgt kurz der Magellan-Straße und dreht dann nach Süden. Feuerland ist eine Insel und an keinem Punkt mit der südamerikanischen Landmasse verbunden. Die Magellan-Straße trennt als eiszeitlicher Fjordbogen die Insel vom Festland.

Als ich zwölf Jahre alt war, hatte es mir ein Buch angetan: ›Das Todesgeschwader‹ von Meno Holst. Hinter dem reißerischen Titel verbarg sich die gar nicht schlecht erzählte Geschichte der Weltumsegelung von Fernando de Magellan. Wieder hatte ich ein Puzzle-Stück für das geheimnisvolle Ende der Welt gefunden. Magellan, die Meerenge, Patagonien, Feuerland und die Indianer. Die düsteren Illustrationen des Buches, die das Land unbezwingbar und gigantisch zeigten; die Erzählungen der Schwierigkeiten Magellans, mit den Schiffen durch den Sund zu kommen; die Kämpfe mit den Indianern, den sagenhaften Patagoniern, die halbnackt und riesig den hungrigen und zerlumpten Matrosen entgegentraten – all das beeindruckte mich sehr. Und das Land kam mir damals wie eine Mischung aus Felswand und Eiswüste vor.

Ein weiteres Stück vom Ende der Welt, das ich nun mit eigenen Augen betrachten kann. Eine Landschaft, die an Skandinavien erinnert: bewaldet, verschneit, wellig und kuppig. Und über einer dunklen, schmalen Wolkenzunge eine winterliche Sonne: ein hellroter Streifen, der zwischen türkisfarbenen Wolken brennt. An der Küste sehe ich drei große Feuer. Als wollte man uns zeigen, daß das Land seinen Namen zu Recht trägt. Ich vermute, es sind Holzfäller, die dort ihre Abfälle verbrennen.

Darwin notiert von seinem Treffen mit den ›gigantischen Patagoniern‹ im Januar 1834: ›Sie tragen lange Guanaco-Mäntel und wallendes Haar und wirken dadurch noch größer, als sie sowieso schon sind. Die Männer des Stammes unterschreiten die Größe von sechs Fuß (also 1.80 Meter) selten, auch die Frauen sind wenig kleiner.‹ Darwin rühmt die herzliche Aufnahme. Er bezeichnet die Patagonier als die größte Rasse, welche die Expedition während ihrer Fahrt an der südamerikanischen Küste getroffen hat. Die Gesichter der Indianer hatten es ihm besonders angetan. Sie waren meist mit Rot und Schwarz bemalt und wirkten wilder und furchtbarer als die Gesichtszeichnungen der Indianer weiter nördlich in Patagonien. Als drei Indianer von Kapitän FitzRoy an Bord gebeten wurden, fühlten sich alle geehrt und jeder wollte mit an Bord kommen, so daß es lange dauerte, bis wirklich ein Beiboot mit drei Indianern so weit war. Darwin beobachtete, wie sie mit Messer und Gabel gut zurechtkamen und wie ihnen überhaupt die Sitten der Weißen bekannt waren. Häufig waren diese Indianer mit Robben- und Walfischfängern in Berührung gekommen. Entsprechend demoralisiert fand er sie. Am meisten, rügte Darwin, interessierten sie sich für Zucker und Tabak. Mittel zur Verteidigung, Arbeit oder Jagd, wie Waffen, Äxte oder Werkzeuge dagegen verschmähten sie.

Hundertfünfzig Jahre später lebt von den Ureinwohnern keiner mehr. In einem Film von Jan Schütte, der mit der Kamera in Patagonien unterwegs war und Chatwins Spuren folgte, tritt der letzte Indianer Feuerlands auf. Schütte trifft ihn in Ushuaia in einer Imbißbar. Nur noch die Sprachwissenschaftler der Universität Buenos Aires interessieren sich für ihn. Er ist der Museums-Indianer. Hinter dem wissenschaftlichen Interesse wird Scham spürbar. Scham darüber, wie die Weißen mit den Bewohnern Patagoniens und Feuerlands umgesprungen sind. Für Darwin noch kein Anlaß zur kritischen Reflexion. Wir haben den letzten Indianer in Ushuaia nicht getroffen.

Der 14. Juli, französischer Nationalfeiertag, und es schneit. Ich stelle mir vor, der französische Konsul von Ushuaia (wenn es ihn gibt) lädt zum Champagner-Empfang im Garten der Konsulatsvilla ein. Fellmäntel, Handschuhe und Ohrenschützer statt Cardin und Armani.

Es schneit schon den ganzen Tag. Manchmal reißt die Wolkendecke auf, und ein weiter, blauer Himmel zeigt sich. Dann wieder drücken dunkle Wolken über den Beagle-Kanal, und Schneefall setzt ein. Als wir am Abend in einer Cafeteria sitzen, wirbeln helle Flocken um die Straßenlaternen, und ich komme mir plötzlich wie in einem österreichischen Bergdorf vor.

Aber Ushuaia ist alles andere als ein verträumtes Dorf. Es herrscht ›Duty-free-shop-Atmosphäre‹. Weil Feuerland eine Insel ist, gelten hier die argentinischen Zoll-Bestimmungen nicht. Schottischer Whisky, spanischer Wein, französischer Champagner (eine Flasche Heidsieck für 15 Dollar), Remy Martin und alle Edelmarken an Zigaretten. Dazu Benetton, Chanel und Dior. In der Hauptstraße reiht sich ein Shop an den anderen. Stereoanlagen, Walkmen, Fernsehgeräte, Tischcomputer und alle Arten von Taschenrechnern, es fehlt nichts, was man an elektronischem Spielzeug kaufen kann.

Hier besteht das Ende der Welt aus einer Reihe von schäbigen und vollgepackten Supermärkten. Die südlichste Stadt der Welt – so ihr Werbemotto – ist eine Ansammlung von Banken und Shops in häßlichen ein- oder zweistöckigen Flachbauten. Aber man plant Weiteres: Mitten im Zentrum kündet ein graues Stahlskelett von den Träumen einiger Investoren: hier eine Ladenpassage (als ob es an Läden mangelte!), dort ein zehnstöckiges Hochhaus im Bau. Im Frühling und Sommer gibt es von Buenos Aires aus Tagesflüge, morgens nach Ushuaia und abends zurück. Die Flugzeuge sind auf Wochen im voraus ausgebucht.

Ja, Ushuaia ist eine echte Boomtown. Davon zeugen die Fertigungshallen von Sony und Grundig am Westausgang der Stadt, aber auch die Hütten aus Holz, Wellblech und Gipsplatten, die sich am Hang der Darwin-Kordillere hochziehen. Unbefestigte Straßen und Abwasserkanäle zerfurchen die Erde. Am Ostrand der Stadt hat man Bauten im trostlosen Neue-Heimat-Stil hingesetzt. Sie wirken heruntergekommen und baufällig. Rostige Autowracks davor, und wie in Rußland hängen in Säcken Lebensmittel vor einigen Fenstern.

Aufgeregt kam mir eine Frau entgegen. Ihre Hütte brannte lichterloh. Nachbarn und die Kinder versuchten, durch Schneewürfe und hastig herbeigetragene Wassereimer das Feuer einzudämmen. Aber die Wassergüsse erreichten die Flammen nicht, weil es schon zu heiß war, um näher hinzugehen. Das Dach der flachen Bude brach mit stiebenden Funken zusammen. Die Hitze ließ das Eis auf den festgestampften Gehwegen schmelzen und schwarzes Wasser lief in Richtung Stadt. Im Nu war überall Schlamm. Schließlich kroch ein Feuerwehrauto die Straße hinauf. Hydranten gab es nicht, und so taten die Männer nichts anderes, als große Schaumlöscher auf die durch die Fenster lodernden Flammen zu halten. Niemand war Gott sei Dank verletzt. Aber die Frau und ihre Kinder hatten ihre Hütte verloren, und das mitten im Winter. Am Nachmittag, so erfuhr ich, wollten sie mit dem Wiederaufbau beginnen.

Ich stieg weiter hinauf. Mein Vater wäre heute 78 Jahre alt geworden, und ich beschloß, im Gehen seiner zu gedenken. Die Schneedecke war nur fingerdick, aber von trockener Konsistenz. Bei jedem Tritt stäubte der Schnee. Die Piste, an deren Seite ich hinaufstieg, war fest und teilweise mit blankem Eis bedeckt. Dazwischen der festgefrorene, hellbraune Lehm. Rechts und links Hütten aus Sperrholz und Wellblech. Mir war rätselhaft, wie man sie heizte. Ein Mann trug ein Bündel Reisig zu einem Platz vor seine Hütte und schichtete es neben anderes Brennmaterial: Holzpaletten, Kartonreste und trockene Äste. Er mußte sein Brennholz von weither holen, denn die Bäume zu beiden Seiten der Piste waren schon lange gefällt. Nur die schwarzen Stümpfe zeigten, wo einmal Wald gewesen war.

Die Rodung reichte bis zu den schneebedeckten Felsen. Der Mann öffnete die Tür der Hütte, und ich sah einen großen, rostigen Ofen, auf dem zwei Töpfe standen. Das Ofenrohr führte zum Fenster hinaus. Hier mußte es ja immer wieder brennen. Ich ging höher und höher und ließ die Hütten hinter mir.

»Der Blick!« rief mein Vater, »der Blick!«, als ich ihn einmal fragte, warum er eigentlich so gerne auf Berge stieg. Er war ein besessener Bergwanderer und ruhte und rastete nicht, bis er alle Bergspitzen im Katschtal erstiegen hatte. Der Blick, das verstand ich, aber zugleich machte mir damals das Seitenstechen zu schaffen, der Durst, die Müdigkeit in den Beinen und so weiter. Kinder gehen von sich aus keine Berge hoch. Mein Vater hielt mir einen Vortrag, dessen Quintessenz der Satz war: »Du gehst falsch!« Falsche Schrittlänge, falscher Rhythmus. Aber wie konnte ich falsch gehen, wo doch Gehen die alltäglichste Sache der Welt war. Auf meinen Großvater hörte ich eher. Aber auch er sagte dasselbe und stimmte in diesem Punkt meinem Vater zu. Allein gelassen, stapfte ich die Berge hoch. Beide riefen – »Rhythmus!« Ich hörte nur – »Rhythmus! Rhythmus!« Aus Trotz lief ich gerade, wie ich wollte. Sprang, rannte, blieb stehen, strengte mich an, schwitzte, hatte Durst, und so weiter. Und doch, irgendwie lernte ich die richtige Methode, und jetzt stieg ich vollkommen unangestrengt mit ruhigen Schritten den Berg hoch.

Immer wieder kamen mir Hunde entgegen. Schlanke, sandfarbene Tiere, deren Gebiß furchteinflößende Ausmaße besaß. Ich hatte nicht einmal einen Stock dabei. Aber seltsam, sie liefen bellend und zähnefletschend auf mich zu, um dann abzudrehen und mit hängendem Schwanz wieder von dannen zu schleichen. Offensichtlich roch ich gefährlich – vielleicht wie ein größerer Hund?

Die Luft war kalt und schneidend, als ich oben auf dem Gipfel stand. Der Blick natürlich! Das schwarze Wasser des Beagle-Kanals, der Hafen, die Straßen von Ushuaia, die langen Piers, von denen niemand den Schnee gefegt hatte, und auf der gegenüberliegenden Seite die Bergspitzen der Isla Navarina. Kap Hoorn, das wahre Ende der Welt, lag 200 Seemeilen südlich und hinter den Bergen. Mir war nicht kalt. Ich fühlte mich erhaben, so lächerlich das klingt.

Am Abend ging ich über vereiste Straßen zum Meer hinunter. Der Strand war mit pudrigem Neuschnee bedeckt, und im gelben Licht der Straßenlaternen schwirrten die Flocken. Es kam mir vor, als würde an diesem Abend noch etwas Besonderes geschehen. Das Meer war wie in ein tintenschwarzes Tuch gehüllt, unbewegt und ohne Lichter. Noch immer schneite es, nichts geschah.

Der Platz der Belgrano-Toten

Im Nationalpark von Feuerland leben die Tiere wie einst, heißt es im Faltblatt der Inselverwaltung, wie einst, als Ushuaia nur ein kalter Kiesstrand mit ein paar Indianerhütten am Beagle-Kanal war. Bevor die Weißen kamen, so ist das wohl gemeint. Biber, Hirsche, Kormorane, Fischadler, Luchse und Bären soll es hier geben. Aber das Paradies war eingeschneit. Der Kleinbus, der an diesem Morgen in Richtung Nationalpark fuhr, hinterließ eine tiefe Spur im Schnee. Unser Begleiter, Enrique, war ein lebhafter und freundlicher Mitdreißiger, der als erstes gleich das Photo seiner Frau und seiner Kinder herumgezeigt hatte. Er erzählte uns, was es auf beiden Seiten der Straße Sehenswertes gab. Wir blickten auf gleißende Schneedecken, aus denen Baumstrünke und Äste herausragten. Unter diesem Hügel verbargen sich die Biber, und diese platt hingestreckte Fläche war der See, den sie aufgestaut hatten. Der Schnee beflügelte die Phantasie. Ich sah die possierlichen Nager in Disney-Manier hingestreckt zwischen Heu und trockenem Schilf, friedlich dem Frühling entgegenschnarchen.

Enrique hielt das Auto an einer Stelle, an der große Schwärme von Möwen und Raben lärmten. Caracaras saßen auf den reichlich vorhandenen Zaunpfosten und flogen von hier zur lokalen Müllkippe, die zu Füßen eines Hügels lag und deren Rauchsäulen wir in der Ferne sahen. Hier hatten sich – wie Enrique erklärte – seltene Greifvögelarten angesiedelt, deren Nahrungsbasis die Müllkippe war.

Der abgezäunte Teil des Nationalparks begann jenseits eines großen Holztores und führte zunächst durch einen düsteren Wald, dessen Lichtungen immer wieder atemberaubende Ausblicke auf den Beagle-Kanal und die Dientes de Navarino freigaben. Bergspitzen von eigenartiger Wucht und Schroffheit, die vom anderen Ufer des Sunds herüberleuchteten. Die Fotoapparate wurden gezückt, und man knipste und knipste.

Wieder eine Möglichkeit, über den Verlust an Unmittelbarkeit nachzudenken. Ich löste diesen Zwiespalt, indem ich auch knipste. Später kam der Bus am Fuß eines ebenmäßig geformten Vulkankegels vorbei. Wir hielten. Enrique erzählte, daß vor vierzig Jahren dieser Berg Schlacken und Lava ausgeworfen und ein Erdbeben ausgelöst hatte. Noch jetzt hingen die zerrissenen und gekippten Balkenstege einer zerstörten Brücke ins Wasser hinein, schwarz und vermoost. Der Bach, zu dem diese Brücke gehörte, mündete in einen Seitenarm des Sees, der sich nach Westen, in Richtung chilenischer Grenze, öffnete. Seine leicht gekräuselte Oberfläche spiegelte die weiße, kegelförmige Bergspitze von großer Schönheit wider. Eine stille Landschaft von graziler, fast japanischer Art. Hier unten im sturmzerzausten Feuerland hatte ich das nicht erwartet.

Der Bus fuhr zur ›Confiteria mas austral del mundo‹. Und was das rekordsüchtige Schild angekündigt hatte, wurde auf seltsame Weise wahr: Wir kamen in ganz heimische Gefilde. Auf Fensterscheiben Aufkleber wie ›Warsteiner Pils‹, ›Europapark Rust‹ oder ›SDR – der wilde Süden‹. Die Confiteria war ein flacher Raum mit dunklen Tischen und Bänken, die nicht zum Sitzen einluden. An der Rückwand hinter der Theke und unter dem schwarzen Rohr des gewaltigen Ofens stand ein dikker Wirt und verkaufte Kaffee und Kuchen. Ich verlangte einen Tee und fragte, ob es außer Kuchen noch etwas anderes gab.

»Sie können ruhig Deutsch sprechen«, sagte der Dikke laut und tat ganz beiläufig. Er stemmte sich mit beiden Armen auf die Theke und erklärte uns, was Schwarzwälder Kirschtorte auf spanisch heißt: ›Silva Negra‹.

»Je weiter man südwärts kommt«, sagte ich, »desto mehr Deutsche findet man.« Ich erzählte ihm von Georg Seyfritz. Auch im Touristenbüro von Ushuaia hatte uns ein junger Mann mit einem blassen Teint auf deutsch beraten und gesagt, daß er von Deutschen abstammte. Davon wollte der Dicke jedoch nichts wissen. Er wiegte sein Fett hin und her und fragte nach hinten in einen Rückraum, ob es noch Sandwiches gebe. Eine kleine, dicke Frau stand darin und brühte Kaffee auf.

»Nein!« war die Antwort.

Ich beobachtete den Dicken. Er bediente und führte die Kasse. Seine Hände lagen zärtlich auf der alten Sweda, und immer wenn mit einem hellen Glockenton die Kassenlade aufsprang, holte er mit geschmeidigen Bewegungen das Geld heraus, zählte es ab und nahm den Schein entgegen. Er strich ihn glatt und klemmte ihn im Kassenfach fest. Sein Spanisch war akzentfrei (so weit ich das beurteilen konnte), und er wechselte mühelos zwischen beiden Sprachen.

»Normalerweise«, sagte er, »ist die Confiteria im Winter geschlossen. Aber als ich hörte, daß heute ein Bus kommt, habe ich den Ofen angemacht.«

Der Eindruck, in einem Wanderkiosk im Schwarzwald zu sein, ließ mich nicht los. Die gleiche Ausstattung, die gleichen Angebote, die gleichen Aufkleber. Und das am Ende der Welt! Der Wirt wollte – wie auch Seyfritz – nichts von sich erzählen. Er stand noch immer an der Kasse und hatte beide Hände auf das Gehäuse gelegt.

Ich trat vor das Haus und ging am Ufer des Sees entlang. Der Schnee knirschte unter meinen Schritten. Gegenüber, auf der anderen Seite, entdeckte ich einen Reiter, der ein Pferd mit sich führte. Er ritt in Richtung der chilenischen Grenze, und der Schnee stäubte unter den Hufen der Pferde. Lange stand ich am Ufer des Sees und sah dem Reiter nach.

Der Himmel war blank gefegt, blaue Abschnitte wechselten mit weißen, weit den Himmelsbogen überspannenden Cirruswolken. Das Licht hatte einen winterlichen und intensiven Schimmer. Als ob alles wie aus Porzellan geschaffen war, so changierte das Licht auf den Schneeflächen, ein milchiges Leuchten und an den Rändern ein durchsichtiger Schein. Die flachen Wellen gaben blitzend die Reflexe der tiefstehenden Sonne zurück.

Weit hinter den Wolken und jenseits des Himmelblaus, und über dieser einzigartigen Landschaft in der ewigen Kälte der oberen Luftschichten braute sich etwas Gefährliches zusammen, wirkten chemische Reaktionen, die die Ozonschicht zerstörten und so der gefährlichen UV-Strahlung den Weg auf die Erdoberfläche freimachten. Vierzig Prozent der Ozonschicht sollten schon weg sein, fast die Hälfte also zerstört, und ein Ende der Zerstörung war nicht abzusehen. Vierzig Prozent über der Antarktis und südlichen Hemisphäre südlich des 40. Breitengrades. Ich genoß die Sonne, staunte über dies winterliche Leuchten in einer Landschaft von großer Harmonie, und zugleich war mir mulmig zumute.

Ich fragte Enrique, ob er auch von den Schafen gehört hatte, die blind geworden waren, den Fehlgeburten bei Schafen und Kühen und den verdorrten Blüten als Folge des Ozonlochs. Stimmte es, daß Hautkrebs und Melanome hier verstärkt auftraten?

Enrique wiegte besorgt den Kopf: »Das ist ein Problem«, sagte er, »ständig reden die Leute darüber, vor allem die Touristen, dann fahren sie wieder weg, und wir bleiben mit dem Problem, das wir nicht geschaffen haben, zurück.«

»Informiert die Landesbehörde darüber?«

Enrique lachte: »Ja, so stellt man sich das bei euch vor. Wir machen Übungen und schmieren uns mit Sonnenmilch, Schutzfaktor dreißig, ein, und dann geht es weiter. An das Ozonloch denken nur die Touristen. Wir können uns das nicht erlauben. Wir leben hier!«

Enrique hatte recht. Patagonien, Feuerland waren auf einmal Synonym für eine unheimliche Bedrohung. Quasi ein Versuchsfeld für die Auswirkungen ferner Fehlplanungen und rücksichtsloser Industrie.

Wir fuhren in die Stadt zurück. An der Uferpromenade mit Blick auf den Hafen liegt der ›Platz der Nation‹. Über einem Marmorsockel schwebt in einem eisern umfaßten Fadenkreuz ein Stück Blech, unregelmäßig gezackt und mit Lack- und Schriftspuren bedeckt. Selbst im stärksten Wind bewegt es sich nicht. Rund um den Marmorblock herum hängen Bronzeplatten mit Namen. Das Denkmal umschließt eine schwere Eisenkette, die von dicken Geschoßhülsen gehalten wird. Sie tragen kleine Schneehauben, und das Eisen der Ketten ist eiskalt im Wind. Typisch argentinische Namen stehen auf den Platten: Julio, Esteban, Andreo und Jorge. Ihre Geburtsdaten: zwischen 1955 und 1971. Meine Generation. Im glühenden Bauch der ›Belgrano‹ oder im eiskalten Wasser des Golfo Argentino kamen sie um: die Matrosen und Offiziere der Belgrano. Ihrer wird hier gedacht. Aber mich ließ der Eindruck nicht los, daß nicht jungen Menschen, deren Hoffnung und Zukunft ausgelöscht wurde, gedacht wird, sondern daß man gewissermaßen nur ihren Funktionen Respekt bezeugt, den Rädchen einer Kriegsmaschinerie, aber nicht den Menschen. Im Schnee führen keine Spuren zum Denkmal, es steht so fremd da an der Mole von Ushuaia und hat mit der Stadt selbst nichts zu tun. Zweimal im Jahr, im April und im Juli, wird hier ein Kranz abgelegt. Am Tag der Belgrano-Versenkung und am Nationalfeiertag. Dieses Jahr fehlte der Kranz. Niemand konnte sagen, warum.

Später traf ich zwei Inder. Der Falkland-Krieg und

seine Toten interessierten sie überhaupt nicht. Sie wußten nicht einmal, daß es dieses Denkmal gab. Auch das Ozonloch entlockte ihnen nur ein unverbindliches Lächeln. So weit südlich im Schnee hatte ich keine Inder erwartet. Zu kalt war es ihnen. Beide trugen sie Pelzjakken im Büro. Sie waren Brüder und – wie sich das gehörte – recht erfolgreich. Ich fragte sie nach den Deutschen hier. Nicht wenige kannten sie, und von dem Dicken in der Cafeteria wußten sie, daß ihm auch die Skilifte am östlichen Ortsausgang gehörten, ein einträgliches Geschäft. Geschäfte waren überhaupt das Wichtigste in Ushuaia – wieso sonst sollte jemand zu so einem unwirtlichen Ort kommen. Die beiden Brüder machten sich um die Menschen hier keine unnötigen Gedanken. Mietwagen war ihr ›Business‹ und noch einiges andere. ›Business‹ – ein Wort, das durch den Raum schwirrte. Das Business lief gut, das Business steigerte sich, das Business machte Spaß. Im Unterschied zu den Menschen auf dem Festland hatten die Fuegenos Geld, und das legten sie in Autos an. Autos, mit denen sie die Hauptstraße in Ushuaia hinauf- und hinabfuhren, so daß es in Ushuaia die gleichen Probleme gab wie in Frankfurt – Staus und Parkplatznot. Viele fuhren ohne Nummernschild, man kannte sich ja. Die PKWs waren hier deutlich billiger als auf dem Festland. Die hohen Einfuhrzölle fielen weg. Außerdem kam durch die Duty-free-shops Geld herein, das auch schnell wieder ausgegeben wurde.

 Zu einem Mietwagen aber hatten wir keine Lust. Es lohnte sich nicht. Die Straßen in Richtung chilenischer Grenze waren verschneit, und der Übergang im Norden, die Fähre nach Punta Arenas, war von Ushuaia zweieinhalb Tage mit dem Auto entfernt. Die beiden verstanden das.

 Sie fragten mich nach den Arbeitsbedingungen in Deutschland. Vom Autohandel verstand ich nun gar nichts. Beide lachten. Nein, nein, sie wollten Geld anlegen. Wieviel Zinsen man bekommt, und welche Aktien gut stehen? Ich sagte ihnen, daß ich mein Geld in Reiseabenteuern anlege. Ernsthaft warnten sie mich vor Indien. Und Rußland – ich hatte ihnen erzählt, daß ich gerne durch Rußland reisen würde – schien ihnen nach wie vor das Reich des Bösen.

In Ushuaia lebt eine Frau, die sammelt Zeitungsausschnitte. Alle Zeitungen sieht sie genau durch. Zeitungen, die ihr durch Reisende reichlich ins Haus kommen, denn sie führt eine Pension. Alle Artikel über den Krieg im ehemaligen Jugoslawien, besonders die über die Untaten der Serben schneidet sie sorgfältig aus und klebt die Blätter in große Ordner ein. Das ist ihre Chronik der laufenden Ereignisse. Sie haßt die Serben mit einer Inbrunst, die nur verstehen kann, der selbst in Kroatien, Serbien oder Bosnien herumgereist ist. Ihr Haß ist grundsätzlich und unerschütterlich. Jeden Abend geht die Frau mit der Bibel und dem Dolch unter dem Kissen zu Bett. Sie redet mit mir in einem Gemisch aus Englisch, Deutsch und Spanisch.
»Serbia Murderers, die alle getötet gehören.«
Oben in der verglasten Veranda des Speiseraumes sieht sie weder den Beagle-Kanal noch die glitzernden Schneespitzen der Dientes de Navarino auf der anderen Seite des Sunds. Stattdessen läßt ihr der Haß keine Ruhe:
»Serbia Murderers, die alle getötet gehören.«
Ihr Mann hat nichts zu befürchten, er ist Argentinier und verfolgt die Ausrufe seiner Frau mit gleichgültigem Gesicht. Vermutlich war er noch nie in Europa, geschweige denn im untergegangenen Jugoslawien und hat nicht erlebt, welche staatstragende Wirkung dort der Haß besitzt. Man konnte ihm auch schlecht raten, die Heimat seiner Frau zu besuchen.

Abgesehen von ihren Haßausbrüchen, die uns ja nicht betrafen, war diese Frau liebenswürdig und geschäftstüchtig. Sie erkundigte sich genau, was wir zum Frühstück wollten, bot uns an, die Hemden und Unterwäsche waschen zu lassen und war die Freundlichkeit selbst.

Wir besuchten die Robbeninsel. Auf den verschneiten Klippen lagen die Seerobben dicht gepackt und sperrten die Mäuler auf, als sie uns auf dem Wasser sahen. Der Katamaran, der uns dorthin brachte, war großzügig verglast. Die tiefstehende Sonne füllte das Boot mit ihrem blassen goldfarbenen Licht. Wir waren zu siebt: ein Ehepaar aus Buenos Aires, ein Junge mit seiner Freundin, die einen Nachmittag lang in Ruhe knutschen wollten, Walter und ich und ein einzeln reisender Deutscher, der seine Sonnenbrille ins Haar gesteckt hatte und sich ständig mit dem Schiffsführer unterhielt. Diesem Menschen mit seinem Bogner-Dress und seiner Porsche-Brille war ich schon am Perito-Moreno-Gletscher begegnet. Ich erkannte ihn wieder. Dort hatte er sich mit dem Taxi hinfahren lassen. Ob man wollte oder nicht: Das gelangweilte Nomadenvolk der Reisenden traf immer wieder aufeinander. Allerdings ohne voneinander Notiz zu nehmen.

Auf den eisigen Felsen lagen die goldbraunen Robben und bellten heiser. Ständig flatterten Möwen über ihre Köpfe und stürzten hinab, wenn sich irgendwo ein Zwischenraum fand und dort Fischreste lagen. Die Robben wurden zornig und brüllten heiser. Es klang wie das empörte Schimpfen eines Paukers.

Die Möwen beeindruckte das nicht. Die Evolution hatte ihnen einen praktischen Ausweg verschafft, die Luft. Die Robben hingegen waren ganz der Schwerkraft ausgeliefert.

Sobald sich ein Tier vom Platz bewegte, geriet es unweigerlich aus der Waagerechten und fiel ins Wasser. Ein anderes Tier übernahm seinen Platz. Schwer und träge lagen sie da und ließen sich von den Sonnenstrahlen den Rücken wärmen. Rosig überhaucht war schon der Horizont, als der Deutsche sein Gespräch mit dem Schiffsführer beendete, seine Videokamera hervorholte und den Sonnenuntergang filmte, die Robbeninsel und die wintermüden Tiere. Lächelnd und müde stolperten der Junge und das Mädchen nach draußen.

Die Rückfahrt führte uns an Felsen mit schwarzen Kormoranen vorbei. Von ferne sahen sie wie Pinguine aus. Aber es waren leider keine. Manchmal flatterten sie aufgeregt hin und her, öffneten die Flügel und streckten ihre weißen Bäuche heraus.

Ich hatte die leise Hoffnung gehabt, Pinguine zu sehen. Pinguine haben etwas Beruhigendes. Aber Enrique hatte mir gesagt, daß es diese Stoiker nur zwischen September und März in Feuerland gebe. Sie würden dann das Meer verlassen und Brutplätze suchen. Ihre alte Zutraulichkeit freilich war schon längst dahin. »Bis in den Garten kamen sie«, erzählte er. »Ich habe sie sogar anfassen können. Manchmal sind sie auf der Hauptstraße herumspaziert, als wollten sie selbst dort einkaufen.« Er schüttelte den Kopf: »Aber viele haben die Zutraulichkeit der Tiere ausgenützt, ihre Zehen mit Nagellack angemalt oder sie gar beschnitten. Und das bedeutete den Tod der Pinguine, weil sie sich am Eis und den glatten Klippen nicht mehr festkrallen konnten. Andere haben sie getötet und ihr Fleisch für Fischköder verwendet. Keine schöne Sache. Auch die Touristen haben die Pinguine vertrieben, weil sie ausgestopfte Tiere gekauft haben, die die Präparatoren vom Strand wegschossen. Jetzt gibt es«, sagte er noch, »eine streng geschützte Kolonie bei Haberton und eine bei Punta Arenas auf der chilenischen Seite.«

So kehrten wir, ohne die freundlichen Philosophen getroffen zu haben, zurück. Mitten hinein in den Feierabendverkehr von Ushuaia. Der frisch glänzende Lack der Autos fing das Licht der untergehenden Sonne auf. An den dunklen Türmen der Raffinerie gingen die Lichter wie an einem Weihnachtsbaum an. Die staatliche Ölgesellschaft YPF hatte hier ein eindrucksvolles Monument ihrer Präsenz geschaffen. Eine Gasfackel loderte in den goldfarbenen Himmel. Stahltürme, Autos und Energie – am Südzipfel der Welt war die Welt modern zwischen Duty-free-shop, Naturschutzpark und Ozonloch.

Auf Indianersuche

Ich wollte etwas über die Indianer in Erfahrung bringen. Das Indianer-Museum (Museo Territorial) war jedoch geschlossen. Ein rostiges Vorhängeschloß wies ab, und ich hatte den Eindruck, daß das Museum in einen Dornröschenschlaf gefallen war. Einiges hatte ich über die Indianer Feuerlands gelesen, aber mehr versuchte ich hier vor Ort zu erfahren – sofern das möglich war.

Bei Darwin stieß ich auf das Wort ›Yammerschooner‹. Es bedeutete in der Sprache der Eingeborenen: ›Gib mir‹. Vielleicht war es eine Verballhornung aus dem Holländischen, denn die Holländer waren die ersten Weißen, mit denen die Indianer hier zusammengekommen waren. Die Seefahrer zu Magellans Zeiten hinterließen keine Spuren auf Feuerland. Auch die nachfolgenden Spanier nicht. Ihnen war das Land zu wüst, zu kalt, zu dunkel. Juan de Areyzaga, der die Meerenge einige Jahre nach Magellans Tod befuhr, schreibt: ›...es ziehen sich hohe, waldige Gebirge auf beiden Ufern bis an die Meerenge heran. Hier herrscht eine überaus starke Kälte, fast das ganze Jahr über scheint keine Sonne. Die Nacht dauert mehr als 20 Stunden, es schneit häufig, und der Schnee ist so blau wie feinster Türkis oder wie ein sehr blaues Tuch.‹

Areyzaga hatte ohne Zweifel viel Phantasie. Die Holländer waren realitätsorientierter, sie schreckte auch das kühle Klima nicht, es erinnerte sie an ihre Heimat. Sie trieben Handel mit Biber- und Fischotterfellen. Auch Schildpatt und Perlmutt für die Intarsienschreiner in Paris oder Amsterdam waren begehrt. Sie suchten Gold, fanden keines, verließen die Gegend wieder, zogen in Richtung Melanesien und gründeten dort die niederländisch-ostindische Handelsgesellschaft.

Als Junge wollte ich alles über die Indianer wissen.

Mein Großvater entspannte sich mit Western-Heften, in denen aber immer nur von Rothäuten die Rede war. Karl May und Winnetou rückten die Verhältnisse zurecht. Was mich später an den Indianern interessierte, war ihre Vorstellung vom Leben und ihrer Welt: Masken, Bilder, Amulette, Jagdgeräte, Zelte und Gerätschaften.

Darwin kamen die feuerländischen Indianer wüst und verwahrlost vor. Er sagt über sie: ›Sie waren nackt, und ihr langes Haar hing um ihr Gesicht herum; sie hielten rohe Stöcke in den Händen, und von der Erde aufspringend, schwangen sie ihre Arme um die Köpfe und stiessen das widerlichste Geschrei aus.‹ Darwin läßt wenig Gutes an ihnen. Er sieht – ähnlich wie bei den patagonischen Festlandsindianern – nur ihre Ungeduld und ihr Habenwollen. Es ärgert ihn, daß sie sogar die Knöpfe der Offiziersuniform ›yammerschoonern‹ wollen und als sie diese nicht bekommen, auf ihre Kinder und Frauen zeigen, wohl um zu sagen, ›wenn ihr die Sachen uns nicht geben wollt, dann doch wenigstens ihnen.‹

›Yammerschooner‹ – über dieses Wort machte ich mir Gedanken. Geht man vom Wortklang aus, so ist die Bedeutung klar: Y(J)ammer – schoone(r)n. Steckt in diesem Wortpaar nicht schon die Geschichte der Begegnung zwischen Weißen und Indianern? Das Wort hat etwas mit ›geben‹ zu tun, und im Anklang tönt dunkel die Konsequenz, wenn nicht ›gegeben‹ wird. Es gibt nur zwei Möglichkeiten: Jammern oder (Ver)schonen. Und verschont wurde man, wenn man gab. Das Land, die Frauen, die Felle, die Amulette und das Gold.

Welche Indianer lebten hier?

Es waren drei Stämme, die auf Feuerland lebten: die Ona oder Selk'nam, hochgewachsene Jäger, die die große Feuerlandinsel besiedelten, die Yaghan oder Yamana auf dem südlichen Archipel bis Kap Hoorn und schließlich die Alakaluf oder Halakwulup im westpatagonischen

Fjordbereich. Alakaluf und Yaghan waren Fischer und Robbenfänger, während die Ona als Jäger von Wild und Sammler von Pilzen und Baumfrüchten lebten. Die Mythen der drei Stämme waren sich ähnlich und ihre religiösen Vorstellungen komplex und anschaulich. Sie kannten eine Fülle von Tabuplätzen und heiligen Orten, meist bei Begräbnisstätten. Bestimmte Tiere waren zu bestimmten Zeiten im Jahr ›tabu‹, also unjagbar. Aber sie beteten nicht Naturgottheiten an, sondern Watauineiwa, einen gemeinsamen Urahn, der Gott und Vater in einer Person war. Sie glaubten, daß jedes Stammesmitglied über komplizierte Verwandtschaftslinien und Blutsbande mit diesem Gott verbunden war. Ihre Gottesdienste bestanden aus Gesängen und Tänzen. Tanzend riefen sie Watauineiwa an, und tanzend tauschten sie Masken. Masken, die verschiedene Formen von Leben und Lebenslinien verkörperten.

Claude Lévi-Strauss spricht in seinem Buch ›Der Weg der Masken‹ von der Bedeutung der Masken für die Indianer Nordamerikas. Sie galten als außerordentlich kostbar. Verliehen sie ihrem ersten Besitzer doch die Gabe, Krämpfe und Hautkrankheiten zu heilen, eine Gabe, die auch noch auf die späteren Träger der Maske überging: Dem Maskenträger fällt alles leicht, heißt es in einem Mythos der Cowichan-Indianer. Auch wenn es in Nordamerika, an der Westküste zwischen dem heutigen Vancouver und der vorgelagerten Insel, um ganz andere Gottheiten ging und der Lachs in den Mythen eine zentrale Rolle spielte, so war doch der Ritus des Maskentausches und -tanzes bei fast allen amerikanischen Indianerstämmen eingeführt. Lévi-Strauss verwirft die Vorstellung des isolierten, in sich abgeschlossenen Volkes, das jeweils nur für sich allein eine ganz besondere ästhetisch-mythische oder rituelle Kultur hatte. Vielmehr standen die indianischen Völker in einem vielfältigen Verbund,

und zwar durchaus von Alaska bis Feuerland. Nichts blieb, was bei dem einen Stamm vorging, den Nachbarn unbekannt, und durch Erzählungen wanderten die Mythen quer über den Kontinent, wobei sie natürlich vielfältigste Abwandlungen erfuhren.

Handel und Tausch gab es lange vor den europäischen Entdeckern in Amerika, auch über weite Entfernungen hinweg bis ans Ende der Welt. Und das war nicht nur ein literarischer oder mythischer Begriff, sondern auch konkret – das Ende der besiedelbaren Welt. Von hier aus ging es nicht weiter.

Ich hatte Enrique nach den hiesigen Indianern gefragt.

»Ihr Deutsche fragt immer danach«, sagte er lächelnd.
»Tun das wirklich alle?«
»Ja – aber ich finde das gut. Das ist mir sympathisch.«
»Mich interessiert ihre Kunst«, sagte ich.

Weiterhelfen konnte er mir nicht. Er verwies auf das Museum, das aber geschlossen war.

Chatwin berichtet, daß Ushuaia 1869 nichts weiter als ein aus Fertigteilen bestehendes Missionshaus war, das Reverend Stirling nicht weit von den Hütten der Yaghan-Indianer errichtet hatte. ›Sechzehn Jahre blühten die anglikanische Kirche, die Gemüsegärten und die Indianer. Dann kam die argentinische Marine, und die letzten Indianer starben an Masern und Lungenentzündung.‹

Wie aber waren die ersten Indianer ans Ende der Welt gekommen?

Im Anthropologischen Museum von Salta sah ich auf einer Karte die verschiedenen Wege der Besiedelung Amerikas durch die Paläo-Indianer. Die Version der Bering-Straße war mir bekannt, auch der Weg mit Schiffen aus Ozeanien war – dank Heyerdahl – plausibel, aber dort wurde noch eine dritte Version geboten. Die Wanderung von Australien, Neu-Guinea und Neuseeland über die Antarktis in Richtung Feuerland. Das war absolut der abenteuerlichste Weg, von dem ich bisher gehört hatte. Zwar lag zur Zeit der Indianerwanderung der Meeresspiegel, bedingt durch die Eiszeit, erheblich tiefer als heute (bis zu hundert Metern), das Wasser war ja in den riesigen Inlandeisen über Skandinavien, den Alpen, den Rocky Mountains und im Tibet-Himalaya-Gebiet gebunden. Aber da das indisch-antarktische Becken Tiefen bis zu 6000 Metern erreicht, konnten sie schwerlich trockenen Fußes bis in die Antarktis wandern. Und warum hätten sie das tun sollen? Weil sie ›wußten‹, daß viele tausend Kilometer weiter westlich ein großer und üppig reicher Kontinent auf sie wartete? Warum haben sie nicht kurzerhand die Antarktis besiedelt, ähnlich den Inuit im Norden? Lag dieser Kontinent nicht zu fern, war zu kalt und zu abweisend, als daß er eine Besiedelung ermöglicht hätte? Selbst, wenn einzelne Boote dorthin gelangt wären, hätten die Gruppen niemals eine dauerhafte Besiedelung geschafft. Dazu war ihre Zahl zu klein und sie nach der langen Reise – zu entkräftet. Der antarktische Winter hätte das übrige getan. Daß sie deshalb mit ihren Booten die halbe Antarktis nach Westen umrundeten, um dann entlang von Graham-Land und den Süd-Shetland-Inseln in Richtung Kap Hoorn zu segeln, ist kaum vorstellbar. Woher hätten sie von Südamerika wissen sollen, oder wußten die Ureinwohner Asiens und Australiens doch etwas?

Und – ist die Wanderung über die Bering-Straße nicht ein ähnlich phantastisches Unternehmen? Ist es möglich, daß Stämme aus dem Inneren Asiens oder Mittelsibiriens, die dort über Generationen gelebt und gejagt hatten, plötzlich ihre angestammten und vertrauten Plätze aufgaben, um in den eisigen Norden zu ziehen? Ist das etwa weniger phantastisch als die These, daß die ersten Indianer Südamerikas über den Südpol eingewandert sind. Was hatte die Menschen dazu veranlaßt? Warum waren sie in Sibirien nach Norden gezogen und nicht nach Süden? Vielleicht lockten sie die riesigen Mammutherden, die in Mittel- und Ostsibirien lebten. Sibirien reichte damals weit nach Norden, der Schelf der Ostsibirischen See lag trocken, und durch die geringe Feuchtigkeit in der Luft herrschte ein zwar kaltes, aber sonniges Wetter.

Ihr Weg folgte den Mammut-, Riesenhirsch- und Karibuherden, die über die trockene Beringstraße mit ihrem üppigen Grasbewuchs ziehen konnten. Da der Meeresspiegel durch die Eiszeit abgesunken war, bestand eine Landverbindung zwischen Asien und Amerika. Auf diesem Weg kamen wohl die Ureinwohner Sibiriens nach Amerika und entdeckten es ganz nebenbei.

Wanderlust und Neugier mögen mitgespielt haben. Entscheidend war, daß sich ihre Lebensgrundlage durch die Wanderung über die Beringstraße verbessert hat. Und das in einem solchen Ausmaß, daß diese Stämme den gesamten Kontinent besiedeln konnten – eben bis ans Ende der Welt.

Dabei erstaunt am meisten, daß alle Wege zu Fuß gemacht wurden. Denn Pferde oder Tragtiere kannten die ersten Indianer nicht. Das Pferd und die mit ihm verwandten Einhufer besiedelten die großen Präriegebiete Nordamerikas und wanderten in entgegengesetzter Richtung nach Asien und Afrika ein. Die ersten Siedler gingen zu Fuß, sie legten große Strecken zurück. So weiß man durch Grabungen, daß die Eiszeitmenschen in Europa im Verlauf eines Jahres durch halb Europa zogen. Waren sie im Sommer etwa im württembergischen Raum, im Neckartal und auf den Gauflächen, um hier zu jagen und Waldfrüchte zu sammeln, so wanderten sie im Herbst in die Dordogne, um dort die strengen Winter besser zu überstehen. Die ersten Menschen in Europa waren also Fußgänger, und auch der amerikanische Kontinent wurde zu Fuß besiedelt. Die Geschichte dieser Wanderung ist zugleich die Geschichte einer ungeheuren Horizonterweiterung. Eine Art Zeitenwende, die sich auch im Bewußtsein und in den Mythen niederschlug. Nun war der ganze Erdraum besiedelt, kein Kontinent mehr leer. Das Ende der Welt war erreicht, räumlich gewannen die Menschen nichts mehr hinzu. Jetzt mußte man bleiben, standhalten, die Erde fruchtbar machen. Und geboren wurde ein anderer Mythos, wieder aufzubrechen und auf Reisen zu gehen und nach verrückten Orten zu suchen, die seit Kindertagen in der Phantasie eines jeden leben.

Nicht weit vom Denkmal für die Toten der Belgrano lief mir noch einmal Enrique über den Weg.

»Das Museum«, sagte ich.

Er zog das Gesicht zusammen, als hätte er in eine Zitrone gebissen. »Ich weiß doch«, sagte er. »Ich habe schon viele Reisende geführt, und die meisten hatten so ein Notizbuch wie du in der Hand und fragten nach den Indianern. Ich kann leider keine Auskunft geben. Das Privileg, für die Europäer interessant zu sein, habe ich leider nicht. Meine Vorfahren waren Spanier, Basken, Italiener, sogar Russen. Ich weiß nicht, was die Reisenden in ihren Reisebüchern lesen, aber um die Indianer geht es in jedem Fall immer.«

Ich steckte mein Notizbuch in die Tasche. »Ärgert Sie das?« fragte ich.

Enrique lachte: »Keineswegs. Nein, ich finde das sympathisch. Die Beschäftigung mit den Indianern ist doch ein gutes Alibi.«

»Wofür?«

»Vielleicht sollte man nicht vergessen, daß heute

Menschen hier leben, die ganz andere Sorgen haben.«
»Irgendwie kennt man diese Sorgen«, sagte ich.
Enrique blinzelte skeptisch. »Ich verstehe, deswegen macht niemand eine Reise. Die Indianer sind da wirklich besser dran.« Enrique zog die Schultern hoch. Er gab mir die Hand. »Wie gesagt, ich finde das sympathisch. Verstehe es gut!«

Ich wollte ihn zu einem Kaffee einladen. Er dankte höflich, »die nächsten Indianerfreunde warten«, sagte er lächelnd. »Ich komme schon zu spät. Aber sehr freundlich. Schade, daß ich so wenig über die Indianer weiß.« Er schwieg. »Ich interessiere mich mehr«, sagte er dann und tippte mit den Fingern an sein Kinn, »für die Oper zum Beispiel. Die Festspiele in Bayreuth – das sind meine Indianer! Aber hier in Feuerland bin ich einfach zu weit weg. Ich werde Bayreuth nie erreichen.«

»Ja, das ist schwierig«, sagte ich.

In Ushuaia steht, nicht weit vom Hafen entfernt und schon vom Flugzeug aus gut zu sehen, ein sandsteingelbes, festungsartiges Bauwerk, das lange Jahre als Gefängnis diente: El Carcero. Chatwin wollte es besichtigen. Es ging um die Geschichte des jüdischen Anarchisten Simon Radowitzky. Im Winter 1909 warf er eine Bombe in das Auto des Polizeichefs von Buenos Aires, Colonel Ramon Falcon, und wurde zwar nicht mit dem Tode, aber dafür mit lebenslänglich im Carcero auf dem eisigen Feuerland verurteilt. Und das war schlimmer als der Tod. Zwölf Jahre hielt man ihn dort gefangen, vergewaltigte und quälte ihn, vergaß ihn in seinem Kerker, amüsierte sich über seine Ausbruchsversuche (wer konnte damals von Feuerland fliehen?) und vergaß ihn aufs Neue. Bis er schließlich von Präsident Yrigoyen ›als großzügige Geste gegenüber der Arbeiterklasse‹ (wie Chatwin schreibt) freigelassen wurde. Sein Schicksal war wie das aller Anarchisten, traurig und erhaben. Er ging nach Spanien, floh nach dem Zusammenbruch der Front und fristete dann sein Leben durch Hilfsjobs in Mexiko und den USA. Auch Stalins Häscher erwischten ihn nicht, er starb in den 50er Jahren an Herzversagen.

Postkarten werden mit dem Motiv des Carcero verkauft. El Carcero ist so etwas wie das argentinische Alcatraz. Monströs und pittoresk. Breit, wuchtig und gelb.

Ich hatte keine Lust, dort hinauf zu gehen und an das Tor zu klopfen. Der Tag war hell und windig. Im übrigen schneidend kalt. Ich spazierte am Beagle-Kanal entlang und beobachtete die Möwenschwärme, die in Richtung Chile zogen.

Ein halbes Jahr später sah ich den Carcero in Solanas Film ›El Viaje‹ wieder. Dort dient er als Behausung einer Schule, die grau, eng und demütigend den Schülern ihr Azul-y-Blanco-Bewußtsein einhämmert. Die Geschichte des Jungen, der aus diesem Gefängnis ausbricht und seinen Vater sucht, ist nicht halb so stark wie die Bilder des Filmanfangs. En el Cullo del Mundo. Schnee, Berge, ein graues, mit eiskaltem Licht überschüttetes Land. Die Berge, die Stadt, die Uferpromenade, die Denkmäler und Gedenksteine liegen in einem nebligen, weißen Dunst. Alle sind müde und in dunkle Mäntel gehüllt. Die Bilder der Staatsgründer, San Martin, Sarmiento und des Indianerschlächters Rocas fallen von den Wänden. Und keiner weiß, wie er hier herauskommt. Der Film zeigt ein hermetisch in die Kälte und in die Einsamkeit verschlossenes Feuerland. Nur der Stiefvater des Jungen verkörpert so etwas wie Zukunft: Er ist Geologe bei einer Ölgesellschaft. Aber der Junge mag ihn nicht und bricht nach Norden auf, um das gelobte Amerika und seinen leiblichen Vater zu suchen. Dieses Ende der Welt war der graue und kalte Ort, an dem niemand bleiben wollte. Nichts war daran phantastisch. Man war am Arsch der Welt.

Abschied vom Ende der Welt

Im Flughafen von Ushuaia reihten sich junge Männer vor dem Abflugschalter auf: Seesack, kurzer Haarschnitt und bleiche, picklige Jungengesichter. Sie flogen nach Comodoro Rivadavia, um in die Kasernen einzurücken. Die Freundinnen standen verlegen neben ihnen und schwiegen. An der Rückwand des Flughafengebäudes hing eine Karte Argentiniens. Groß und unübersehbar waren die Malvinen eingezeichnet, und Port Stanley hieß Puerto Argentino, und ein großes Stück der Antarktis war auch argentinisch. Hier wurde nicht der Toten des schon vergessenen Krieges gedacht. Die Soldaten gehörten zum fälligen Jahrgang, und sie machten Witze über ihre Vorgesetzten. Aber keiner wollte so richtig lachen.

Jetzt am Morgen füllte sich das kleine Abfertigungsgebäude rasch. Viele Reisende trugen dicke Taschen, in denen sie Zigaretten und Flaschen verstaut hatten. Ganze Wagenladungen schleppten die Familien Tasche für Tasche durch die Halle, und die Flughafenangestellten fügten gleichmütig Gepäcknummer um Gepäcknummer hinzu. Sie brauchten die Sachen nicht einmal einzeln zu wiegen. Einer der Angestellten sagte barsch: »Dreißig Kilo!« und das Familienoberhaupt zahlte ohne ein Widerwort. Man kannte offensichtlich die Prozedur, war nicht zum ersten Mal hier unten.

Jemand tippte mir auf die Schulter. Es war die Kroatin aus der Pension. Sie begrüßte mich wie einen alten Bekannten. Mir fiel ein, daß sie mir am Vorabend angekündigt hatte, daß sie auch am Flughafen sein würde, um jemanden abzuholen. Ich verabschiedete mich schnell und hievte mein Gepäck auf die Waage. Hier in der Halle waren alle versammelt, gleichgültig, ob sie abfliegen wollten oder ankommende Passagiere erwarteten.

So schnell entließ uns Feuerland nicht. Wir mußten warten. Zum einen war die Maschine noch gar nicht angekommen, sie hing irgendwo fest und mußte repariert werden, zum anderen hieß es, der Flughafen von Buenos Aires sei wegen Nebels geschlossen. Ich schaute auf die Wetterkarte in der Zeitung: Eine atlantische Warmfront zog heran. Wir warteten und warteten. Ich vermied weitere Begegnungen mit der Kroatin, die aber jedesmal, wenn sie mich sah, lächelte und bedeutungsvoll mit dem Kopf nickte.

Die Soldaten begannen, Karten zu spielen. Einer flirtete mit der Bedienung der Cafeteria. Sie war wirklich hübsch. Eine Frau mit schwarzen, glänzenden Haaren und einer dunklen, olivfarbenen Haut. Sie hätte in Paris oder in Berlin Fotomodell sein können. Hier jedoch bediente sie in der Flughafen-Cafeteria und schäkerte mit dem Soldaten, der kurz zuvor noch seine Freundin in den Armen gehalten hatte. Die Dinge begannen zu tanzen, ein typisches Flughafen-Durcheinander war entstanden. Koffer, Taschen, Magazine, Kaffeetassen, Langeweile.

Ich trat nach draußen und genoß den kalten Wind. Das Morgenlicht ließ die Stadt in einem rosigen Schein aufblühen, Busse fuhren, Männer gingen zu ihren Booten und Schulkinder rutschten auf den vereisten Trottoirs hinab. Der Flughafen lag an einer Lagune, deren Ufer vereist war. In dicken Paketen wuchs Schilf, das Eis hielt die gelben Halme aufrecht. Möwen und Kormorane segelten darüber hin und hielten Ausschau nach Freßbarem.

Das also war das Ende der Reise, die mich von Buenos Aires über Patagonien, die offenen Steppenflächen, den Schnee und die Gletscher der Anden, über die Magellanstraße und die Nationalparks hierher gebracht hatte. Alles war anders, als ich es mir vorgestellt hatte. Ich nehme an, daß mein Großvater, für den ich die Reise gewissermaßen mit gemacht hatte, auch erstaunt gewesen wäre, wie nah das Ende der Welt der übrigen Welt mit all ihren Problemen und Sorgen schon war. Andererseits hatte ich etwas entdeckt, wovon ich als Kind nicht einmal eine Ahnung hatte: die Eiswand des Perito Moreno. Ich war glücklich und fühlte mich frei. Überhaupt nicht ernüchtert. Es gab keinen unberührten Raum und keine von Umweltzerstörung mehr freie Region auf der Erde. Überall wirkte der weltweite Zusammenhang. Und der Jet, der über den Wolken auf Ushuaia zuflog und mich nach Norden mitnehmen würde, hatte Teil an diesem Prozeß wie ich selbst, der ja auch nichts weiter war als ein lächerlicher Tourist. Trotzdem – ich fühlte mich ungeheuer glücklich und wußte, daß sich alles gelohnt hatte. Daß die Wahrnehmung der Welt einem Puzzle gleicht, das wir Stück um Stück versuchen zusammenzusetzen, um das Bild, das wir als Kind von der Welt hatten, wiederzufinden. Ich hatte so ein Stück gefunden.

Später am Abend, an solchen Tagen dehnt sich ja die Zeit, und ein Tag ist wie eine Woche, ein Monat, ein Jahr, hörte ich beim Einschlafen die Stimme eines Mannes. Es war in der Busstation von La Rioja. Mitten in der Nacht waren wir dort im zementgrauen Wartesaal hängengeblieben. Ich hatte meinen Schlafsack um mich gehüllt, fror etwas, aber war unendlich zufrieden. Ich wollte gar nicht schlafen, sondern alles noch einmal wie in einem Wachtraum vor meinem inneren Auge vorbeiziehen lassen.

Nicht weit von mir saß ein alter Mann, der die Hände auf die Knie gelegt hatte und seinem mit dem Schlaf kämpfenden Enkel etwas erzählte. Er sprach langsam, bedächtig, jedes Wort deutlich formend. Draußen war pechschwarze Nacht, der Wind pfiff durch die offen stehende Tür, und das bleiche Neonlicht machte die Gesichter grau. Aber der Mann ließ sich nicht beirren. Was er erzählte? Nichts anderes wohl als das, was mein Großvater mir erzählt hatte. Den Traum eines Lebens, den Traum eines Aufbruchs, der Traum bleiben wird. Und das Kind wird glauben, daß der Traum Wahrheit werden kann, weil Kinder ihre eigene phantastische Welt bauen. Eine Welt, die die verrücktesten Plätze enthält, einzigartige Farben hat und so weit ist wie das Leben selbst. Als der Nachtbus mit brummendem Motor an die Rampe rollte, der alte Mann mit seinem Enkel einstieg und davonfuhr, hörte ich noch lange seine sonore Stimme.

Violett und graurot sickerte das Morgenlicht über die schroffen und steppengrauen Berge von La Rioja. Ich stand auf, rollte den Schlafsack zusammen und sah, wie das Licht in den Straßen war.

Jan. 93 – Mai 93
Nov. 94
(Remseck/Zögger)

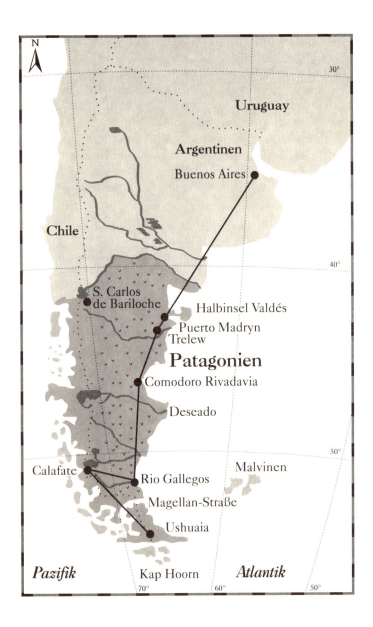

Kleines Patagonien-Glossar

Aerolineas Argentinas
Wer von Deutschland aus nach Patagonien will, sollte am besten diese Fluglinie nehmen. Sie verbindet Deutschland von Frankfurt aus dreimal die Woche mit Patagonien. Allerdings nicht direkt. Der Patagonien-Reisende muß vom internationalen Airport Ezeiza quer durch Buenos Aires hindurch bis ans Meer fahren, wo der Inlandflughafen Jorge Newberry liegt. Eine Buslinie verkehrt zwischen beiden Flughäfen. Vom Flughafen Jorge Newberry gehen täglich Morgenmaschinen ins Herz der patagonischen Steppe.

Anreise
Kann natürlich auch mit dem Bus oder dem Auto oder mit dem Fahrrad oder gar zu Fuß erfolgen. Für die erste Möglichkeit gibt es den Fernreise-Busbahnhof Estacion Terminal de Omnibus hinter dem Retiro-Bahnhof in Buenos Aires, bei den anderen entscheiden einzig Geld (Auto), Kondition (Fahrrad) und Geduld (zu Fuß). Aber nur die letztere gibt wohl eine wahrhafte Vorstellung von der Weite des Landes.

Austral
Fluglinie, die mit DC-9-Maschinen ebenfalls nach Patagonien und Feuerland fliegt und etwas preisgünstiger als die Aerolineas Argentinas ist. Für alle Flüge nach Feuerland (Ushuaia) gilt: Mindestens eine halbe Woche vorher buchen! Austral hieß aber auch die alte Inflationswährung Argentiniens. Sie ist bei der Bevölkerung bis heute in allerschlechtester Erinnerung. Deshalb werden große Scheine, auch der neuen, angeblich dollarfesten Pesowährung, in Geschäften nicht angenommen. Die Leute sind mißtrauisch. Plötzlich ist so ein Lappen am

Morgen nur noch die Hälfte wert, und der Schaden spottet mal wieder jedem Geldschein.

Bariloche
Das St. Moritz Argentiniens. Ein Winterkurort am Fuß der Kordilleren, den die begüterten Portenos im Juli/August aufsuchen, um Ski zu laufen. Der Ort liegt zwar in Patagonien, hat aber mit dem Land nicht viel zu tun. Der wahre Patagonien-Reisende meidet sowieso beides: die Kopie und das Original.

Borges, Jorge Luis
Über Patagonien selbst hat der bedeutendste Schriftsteller Argentiniens, ja Südamerikas, nichts geschrieben. Aber als ferne, zwielichtige Landschaft, als antiutopische Provinz schlechthin spielt Patagonien in seinen Erzählungen und Gedichten eine Rolle. Die Erzählung ›El Sur‹ thematisiert den Gegensatz Porteno – Gaucho. Der Süden, der für den Porteno Dahlmann Imagination und Sehnsucht bedeutet, wird im Kampf mit einem Gaucho zum Todesort. In der Erzählung ›Der Unsterbliche‹ werden Fels- und Landschaftsformationen geschildert, wie man sie in Patagonien finden kann. Borges hat sie natürlich aus Büchern. Die umfangreiche Patagonien- und Feuerlandliteratur setzte frühzeitig ein. Die ersten Bücher waren Schilderungen von Seereisen. So die des Italieners Antonio Pigafetta Vicentino (ein Begleiter Magellans) oder der Bericht des Priesters Juan de Areyzaga, der an der patagonischen Küste entlangsegelte und durch die Magellan-Straße – kurz nach dem Tod Magellans – westwärts fuhr.

Bosques Petrificados
Versteinerte Reste eines spättertiären Waldsterbens. Nach einem Klima-Umschwung im Spättertiär verschwanden

die patagonischen Wälder und kehrten auch nach dem Ende der Eiszeiten nicht mehr zurück. Übrig blieb die baumlose Steppe. Bis heute. Die argentinische Regierung ernannte das Denkmal einer frühen Klimawende zu einem Nationalpark (mit Eintrittsgebühr).

Busse
Zwischen den Stadtinseln in der patagonischen Steppe die gebräuchlichsten Verkehrsmittel. Sie sind rollende Basare und erlauben freundliche Kontakte mit den Einheimischen. Empfehlenswert ist es, größere Strecken nachts zu fahren und den Tag für eigene Ausflüge in die patagonische Weite zu reservieren. Bei der Busfahrt kann immer etwas dazwischen kommen, und so wird sie unversehens zu einer kleinen Schule der Geduld für zeitgestreßte Weltenbummler.

Calafate
Touristenort am Lago Argentino. Von hier aus werden die Touren zum Perito-Moreno-Gletscher und zum Fitz-Roy gestartet. Der Ort besteht überwiegend aus kleinen, loggia-ähnlichen Hotels und einstöckigen Bungalows, die im Sommer vermietet werden. Der Ort hat Zukunft. Hoffentlich nicht die von Berchtesgaden, Kitzbühel oder gar – Katmandu. (s.a. Los Glaciares, Mount FitzRoy, Perito Moreno)

Chatwin, Bruce
Mit seinem Buch ›In Patagonien‹ belebte er nicht nur den Patagonien-Mythos, sondern schuf auch einen Klassiker der modernen Reiseliteratur. Es gibt kein besseres Buch über Patagonien. Chatwin erzählt durch die Porträts der Menschen hindurch von der Geschichte und Landschaft Patagoniens. Übrigens war er überwiegend zu Fuß unterwegs. Einzigartig ist sein leichter, zurückge-

nommener Erzählstil, der auch in der deutschen Übersetzung von Anna Kamp trefflich herauskommt. (s.a. Patagonien-Mythos)

Chubut
Mittelpatagonische Provinz, benannt nach dem gleichnamigen Fluß, der am Fuß der Kordillere entspringt und bei Rawson in den Atlantik fließt. Patagonien besteht aus insgesamt vier Provinzen, im Norden Neuquén und Rio Negro, dann folgt Chubut, und im Süden bildet Santa Cruz den Abschluß.

Comodoro Rivadavia
Das erste Mal begegnete ich der Stadt in Saint-Exupérys ›Nachtflug‹. »Comodoro antwortet nicht...« heißt es da. Meinen Besuch in Comodoro habe ich einem Irrtum zu verdanken. Ich stieg aus dem Flugzeug und glaubte mich in Trelew. Der Flughafen wirkte sehr militärisch, Hangars mit Tarnfarbe, Flakgeschütze unter Netzen. Freilich, hier wird Geld verdient, und das muß entsprechend bewacht werden. Comodoro Rivadavia ist aber nicht das Kuwait Argentiniens und der traurige Malvinen-Konflikt schon zehn Jahre her.

Darwin, Charles
Das Tagebuch seiner Seereise mit dem Schiff ›Beagle‹ wurde ein Bestseller, der den jungen Gelehrten in die Lage versetzte, sich ganz seinen eigenen Naturforschungen widmen zu können. Die Folgen sind bekannt. Seitdem betrachten wir die Affen mit ganz anderen Augen. Darwin hat auch die Patagonien-Literatur entscheidend bereichert. Seine Eintragungen über die Morphologie und Geologie Patagoniens waren die ersten wissenschaftlichen Zeugnisse dieser Gebiete und erlaubten, die Geologie Südamerikas in Ansätzen zu umreißen. Freilich ist

Darwins Blick auf die Indianer der des Weißen, der sich als Angehöriger einer grenzenlos überlegenen Rasse empfindet. Einfühlung und Vorurteilslosigkeit sind ihm den Indianern gegenüber fremd.

Desaparecidos
Wer Argentinien besucht (und Patagonien liegt in Argentinien!) kommt um dieses Thema nicht herum. Zwischen 1977 und 1982 verschwanden in Argentinien unter den Generälen Galtieri und Videla Tausende von Menschen. Es genügte, Mitglied der Gewerkschaft, Journalist oder der Verdacht, links zu sein. Frühmorgens kamen die Sicherheitskräfte, nahmen die Verhaftungen vor und folterten anschließend die Verhafteten. Manche starben sofort, andere wurden später ermordet und irgendwo verscharrt. Nicht nur Männer, auch Frauen, ja Kinder verschwanden so. Müttern wurden die Kinder weggenommen und zur Adoption freigegeben. Das Schlimmste: Während die Opfer tot und vergessen sind, verzehren die Generäle und ihre Folterknechte die Rente und stecken unbestraft in der Armee.

Desertifikation
Was nur ein Problem der Sahel-Zone zu sein scheint, bedroht auch Teile Patagoniens. Um den Fall der Wollpreise auszugleichen, vergrößerten einige Estancieros ihre Herden. Dadurch stieg die Zahl der Tiere pro Hektar. Da aber die Steppengräser im trockenen Klima viel langsamer als auf mitteleuropäischen Weiden wachsen, gehen die hungrigen Schafe auch an die Wurzeln. Die dünne Bodenkrume liegt damit frei. Der Wind bläst sie davon. Kahles, verwüstetes Land bleibt. (s.a. Estancia, Müllmafia)

Estancia
Das Landgut. Jeder Patagonien-Reisende träumt davon, eine Estancia zu besuchen und auf der Terrasse mit dem Gutsbesitzer bei einem Assado oder Grillfest Erzählungen von früher zu hören. Als einem Mann ein Pferd und ein Lasso genügten, um in der Welt zu bestehen. Aber viele Estancias sind in den letzten Jahren aufgegeben worden. Betriebe unter 500 Hektar haben keine Überlebenschance. (s.a. Gaucho)

Feuerland
Südlichster Teil Südamerikas. Eine Insel, die durch die Magellan-Straße vom südamerikanischen Festland getrennt ist. Auf Feuerland lebten ursprünglich drei Indianerstämme, die Ona, Yaghan und die Alakaluf. Aber sie gibt es nicht mehr. Die heutigen Feuerländer sind Nachfahren der europäischen Einwanderer, die in den 20er und 30er Jahren dieses Jahrhunderts kamen. (s.a. Ushuaia)

Gaucho
Heute eine mythische Figur, deren Aura die Werbung ausschlachtet. Ursprünglich waren die Gauchos herumstreunende Gesellen, die den verwilderten Viehherden in der Pampa nachjagten, das Vieh einfingen, Fleisch, Felle und Häute verkauften. Die große Zeit der Gauchos war das 18. und 19. Jahrhundert, da bestimmten sie die Geschichte Argentiniens, und die Städter fürchteten sie. Präsident Sarmiento stilisierte den Kampf zwischen den Städtern (Portenos) und den Gauchos zum Kampf zwischen Zivilisation und Barbarei schlechthin. Er haßte den ›Geist der Gauchos‹ und sah die Zukunft des Landes durch Schulen, Universitäten und eine funktionierende, nicht korrupte Beamtenschaft gewährleistet. Er richtete Bibliotheken ein und sorgte für eine verstärkte Ein-

wanderung von Europäern. Sarmiento schrieb selbst ein Buch: ›Facundo‹, in dem er seine allgemeinen Erziehungsideale und sein Antigauchotum darlegte. Die Gauchos verachteten die Europäer, diese Schul- und Buchmenschen. (Jene Verachtung ist auch das eigentliche Thema von Borges' Erzählung ›Der Süden‹.) Der Gaucho-General Mansilla rief während der französischen Seeblockade unter dem berüchtigten Präsidenten Rosas: »Was sollen wir uns denn vor diesen Europäern fürchten, die doch nicht einmal einen einzigen Nachtgalopp überstehen!« Trotzdem war das Schicksal der Gauchos besiegelt. Sarmiento schlug den Gaucho-Caudillo El Chaco bei San Juan und ließ ›den Barbar‹ hängen. Die europäischen Siedler begannen, Zäune in der Pampa zu ziehen, um ihre Herden und ihren Besitz zu sichern. Aus den Gauchos wurden Lohnabhängige, Peones. Der Homer der Gauchos, José Hernández, erzählt in seinem Epos ›Martin Fierro‹ eben diesen Vorgang. Das Epos ist ein großer Abgesang auf die Freiheit und das Leben in der Pampa. Borges zollte ihm uneingeschränkte Bewunderung.

Guanaco
Nach Darwin das charakteristische Säugetier der patagonischen Steppe. Es ist gut an die Trockenheit und das spärliche Steppengras angepaßt und zieht in kleinen Herden durch das Land. Manchmal kann man eine Herde am Straßenrand äsen sehen. Aber bevor man sich ihnen nähert, hört man den gellenden, wiehernden Alarmruf, und die Tiere laufen in einem aufgeregten Gestolpere davon. Darwin nennt das einen ›scheinbar langsamen, aber tatsächlich geschwinden Galopp‹.

Das Guanaco hat kaum Ähnlichkeit mit dem Kamel, dem Herdentier der Trockenzonen der Alten Welt. Es ist kleiner, zierlicher gebaut, und nur die Physiognomie des Kopfes hat etwas vom herrischen Stolz eines Kamels.

Lago Argentino
See am Fuß der Südkordilleren – halb so groß wie der Bodensee und Teil des Nationalparks Los Glaciares. Ein Naturdenkmal also. Vier große Gletscherströme aus dem patagonischen Inlandeis münden in ihn. Das ist einzigartig auf der Welt. Das Wasser ist hellgrün und kalt. Graue Seeflamingos nisten an seinen Ufern. Sie sind aber sehr scheu, und wer sie fotografieren will, braucht ein sehr gutes Teleobjektiv und eine ruhige Hand. (s.a. Calafate, Los Glaciares, Perito Moreno)

Los Glaciares
Wer einmal sehen will, wie zur Eiszeit die großen Gletscher in die Zungenbeckenseen flossen, der kann es hier tun. Vier große Gletscher, Perito Moreno, Upsala, Onelli und Spegazzini fließen aus dem patagonischen Inlandeis in den Lago Argentino. Es ist ein atemberaubendes Naturschauspiel. Wie blauer Turmalin oder türkisfarbene Jade glitzern die steilen, bis zu hundert Meter hohen Eiswände. Ständig geht ein Krachen und Knistern durch das Eis, ganze Eisflanken brechen ab und fallen in das grüne, trübe Wasser des Sees. Teile des Eises stauen das Wasser des oberen Sees, und alle drei bis vier Jahre bricht diese Staumauer mit einem ohrenbetäubenden Krachen, und die Fluten schießen in den unteren See und lassen den Wasserstand steigen. Zu diesem Naturschauspiel reisen die Touristen aus aller Welt an.

Magellan, Fernando de
Entdecker der nach ihm benannten Meerenge zwischen dem südamerikanischen Kontinent und Feuerland. Magellan war ein Besessener, der von seinen Weltumsege-

lungsplänen trotz aller Widrigkeiten nicht lassen mochte. Im Vergleich zu ihm war Kolumbus ein Glückspilz. Magellan profitierte nicht vom eigenen Wagemut. Er starb durch den Speer eines Eingeborenen in der molukkischen See.

Mt. FitzRoy
Markanter Gipfel der Südkordilleren (3375m). Sechs Stunden braucht ein Auto mit Allradantrieb von Calafate aus. Benannt nach dem Kapitän von Darwins Forschungsschiff ›MS Beagle‹, ist dieser Berg wegen seiner klassischen Felsnadelform ein Markenzeichen der Region und wird weltweit vermarktet. Für Werner Herzogs postmodernen Luis-Trenker-Verschnitt ›Der Schrei aus Stein‹ mußte der Berg ebenfalls mit seinem Gipfel herhalten. (s.a. Calafate, Patagonien-Mythos)

Müllmafia
Leere, unbewohnte, gar von Abwanderung bedrohte Räume interessieren diese Schmeißfliegen der Wohlstandsgesellschaft besonders. Wo niemand mehr wohnt außer dem Wind und den Guanacos, wo Gebiete durch Überweidung und Desertifikation bedroht sind, läßt sich das Land – über Mittelsmänner – für einen Spottpreis erwerben. Platz für den Industrie- und Giftmüll der Ersten Welt und Gelegenheit, skrupellos abzukassieren. Patagonien droht ähnlich wie Westaustralien, Teilen der Sahara, Kasachstans oder Somalias diese Gefahr! (s.a. Desertifikation)

Ozonloch
Obwohl Patagonien und Feuerland nichts mit der Produktion von FCKW zu tun haben, sind sie doch die Hauptbetroffenen der durch FCKW verursachten Zerstörungen an der Ozonschicht. Jeweils im Frühling wird das

Ozon über der Antarktis und den südlichen Teilen der Südhemisphäre dünner und reduziert sich Jahr um Jahr. Mittlerweile soll die Ozonschicht so dünn sein wie noch nie. Die Folge: die schädliche UV-Strahlung dringt ungehindert auf die Erdoberfläche. Über die Auswirkungen bei Mensch, Pflanze und Tier wird noch gestritten, unstrittig ist aber, daß sich Flora und Fauna sehr wohl verändern und daß der Mensch der Hauptbetroffene (Hautkrebs, Melanome) sein wird.

Patagonien-Expreß
Große grüne oder rote LKW-Züge, die Patagonien mit allen Gütern der Zivilisation versorgen. Abends, gegen zweiundzwanzig Uhr, fahren sie in Buenos Aires ab und erreichen am nächsten Morgen den Rio Negro bei Carmen de Patagones. Von dort verteilen sie sich über das Land. Nicht anders tun es die Busse. (s.a. Busse)

Patagonien-Mythos
Wenn die politischen Utopien verschwinden, werden die Orte einer imaginären Geographie wichtig. Länder der Weite und des Wagens. Der Ort Nirgendwo erhält einen Namen. Atlantis, Avalon, Eldorado oder Patagonien. Meist liegen diese magischen Orte am Ende der Welt, dort, wo es die Menschen von je her hingezogen hat. Sehnsucht nach Horizontgewinn, Freiheit und Weite. Doch warum Patagonien? Anders als der amerikanische Westen (auch ein Mythos) blieb Patagonien letztlich unbesiedelt. Kein Gold, keine fetten Weiden. Nur Leere, offene Horizonte, Steppe, Ginster und Wind. (s.a. Patagonien-Therapie)

Patagonien-Therapie
Gegenstück zur Toskana-Therapie. Für die politisch Frustrierten, die nicht den Ausweg in den Genuß nehmen können oder wollen, bietet sich Patagonien als Raum

unbegrenzter Weite und schmerzlicher Naturerfahrung an. Zum Beispiel: zu Fuß – eine Lehre der Geduld. Mit dem Fahrrad bei Gegenwind – eine Lektion in Feindesliebe. Aber Vorsicht! Anders als in der Toskana, wo sich zur Therapie immer ein paar Gesinnungsgenossen finden, ist der Patagonien-Besucher doch allein und muß sich selbst ertragen lernen. Da stellt sich für viele die Frage: Kann ich mich mir selber antun?

Peninsula Valdés
Halbinsel zwischen dem Golfo San José und dem Golfo Nuevo. Naturschutzgebiet, aber kein Nationalpark. Am Eingang wacht ein Posten darüber, daß nicht allzu viele Besucher die Halbinsel überrennen. Im Norden liegt der Punta Norte mit zahlreichen Robben- und Seelöwen-Kolonien. Die Gebiete der Tiere sind frei zugänglich, aber ein Ranger paßt auf, daß kein Besucher oder Begeisterter den Tieren zu nahe kommt. Im Grunde aber brauchen sie das nicht. Nähern sich Menschen über eine imaginäre Grenzlinie hinweg, robben die Tiere blitzschnell ins Wasser und beobachten mit spöttischem Blick die Eindringlinge. In Puerto Piramide kann der Besucher ein Boot mieten und die Wale (Ballena Franca del Sur) beobachten. Der Schiffsführer spielt Walrufe vom Band, und die riesigen, friedlichen Tiere lassen sich auf dieses, von ihnen sicher längst durchschaute, Spiel ein. Schließlich sind sie ja in einem eigenen Gesetz zum Nationalen Argentinischen Monument erklärt worden.

Perito Moreno
Er ist der größte der vier Gletscherströme, die in den Lago Argentino münden. Er gehört zum patagonischen Gletschersystem, das sich auf der Südkordillere aufgrund der hohen, von Westen kommenden Niederschläge gebildet hat. (s.a. Los Glaciares)

Pinguine
Wer in Patagonien Pinguine sehen will, darf nicht in den Wintermonaten (Juli/August) anreisen. Dann nämlich ist keine Brutzeit, und die Tiere jagen im Südatlantik Fische und Krebse. Es gibt in Patagonien einige Plätze, an denen man sie zwischen September und März beobachten kann. Zum Beispiel am Punta Tombo, etwa 100 Kilometer südlich von Trelew. Aber Vorsicht! Der Pinguin hat einen kräftigen Schnabel und kann schmerzhafte Hiebe austeilen. Distanz und Höflichkeit sind auch hier die besten Manieren des Gastes.

Puerto Madryn
Zusammen mit Trelew/Rawson der Ort, von dem aus die meisten Patagonien-Besucher einen Abstecher auf die Halbinsel Valdés oder nach Punta Tombo machen. Der Ort ist ein kleiner Hafenort an einer malerischen Bucht und wurde vor cirka 100 Jahren von dem Waliser Parry Madryn gegründet. Als Chatwin die Stadt im Herbst 1974 besuchte, fand er viele tote Pinguine an den Stränden. Mittlerweile sind die Pinguine verschwunden, und auf der Reede dümpeln die Bohrinseln für Off-Shore-Bohrungen im Golfo de San Jorge.

Rio Gallegos
Verschlafenes Städtchen an der Mündung des Rio Gallegos (!) in den Atlantik. Auch wenn die Stadt die Bescheidenheit selbst ist und das Museo Provincial seinem Namen mit ausgestopften Vögeln, leeren Nestern und verstaubten Vitrinen alle Ehre macht, könnte Rio Gallegos in Zukunft doch eine größere Rolle spielen. Zum einen mit dem Erdöl in der Bahia-Grande-Bucht und zum anderen durch den Flughafen. Er hat eine Zukunft als Drehscheibe des äußersten Süden. Von hier aus starten Flüge in die Kordilleren, nach Chile und Feuerland – und man

höre und staune – nach Neuseeland und Australien. Zweimal in der Woche hebt ein Jumbo ab und steuert den anderen Südkontinent an. Nicht nordwärts wie früher heißt die Devise, sondern westwärts.

Rio Negro
Grenzfluß zwischen der Pampa und Patagonien. Südlich des Flusses beginnt Patagonien, und der Eingangsort heißt passend: Carmen de Patagones. Der Fluß gibt auch der nördlichsten Provinz Patagoniens seinen Namen. (s.a. Chubut)

Robben
An sich sind Robben nichts besonderes, sie finden sich in allen Weltmeeren, und um Robben zu sehen, wird niemand nach Patagonien reisen. Darwin bezeichnet den Charakter der Tiere als ›liebevoll‹. Ich konnte nichts davon bemerken: sie bissen und zankten sich in den Herden und vertrieben sich gegenseitig von den dicht besetzten Meeresfelsen. Neben den ausgedehnten Robbenkolonien finden sich in Patagonien noch Seelöwen- und See-Elefanten-Kolonien.

Solanas, Fernando E.
Argentinischer Regisseur, für den Patagonien die geheimnisvollste Region Argentiniens ist. So in dem Meisterwerk ›El Sur‹, das nach der Diktatur, Anfang der 80er Jahre, gedreht wurde. Der Film spielt zur Zeit der Diktatur und zeigt die allgemeine Situation der Angst und Bedrückung. Estegoyens Frau läßt sich nach Patagonien mitnehmen, um dort ihren Mann im Gefängnis zu besuchen. Und in ›El Viaje‹ fährt ein Junge, der seinen Vater sucht, mit dem Fahrrad durch Patagonien, bis ihn ein verrückter LKW-Fahrer aufgabelt. (s.a. Patagonien-Expreß, Desaparecidos)

Trampen
Jederzeit möglich. Schon aus selbstverstandenem Eigeninteresse nimmt der Patagonier Tramper mit. Er kann ja selbst einmal hängenbleiben und braucht beim Reparieren oder Reifenwechsel ein weiteres Paar Hände. Außerdem sind Gespräche das beste Mittel gegen das Schläfrigwerden in dem flachen Land mit seinen flimmernden Horizonten. Eine Voraussetzung sollte aber jeder Patagonien-Tramper mitbringen: Er sollte leidlich Spanisch sprechen können, um dem Fahrer mit Geschichten und Witzen die Zeit zu vertreiben.

Trekking
Muß das sein? Muß man mit einem Riesenaufwand an Material, Logistik und Arbeitskraft expeditionsmäßig die Südkordilleren erstürmen? Natürlich bieten Geschäfte und Agenturen in Calafate und in Rio Gallegos Trekking-Touren an, aber der werte Reisende sollte sich wirklich überlegen, ob sich das lohnt. Die Berge um Calafate und Bariloche mit einem Bergführer oder allein in schönen Tagestouren zu bewältigen, verschafft den gleichen Ausblicks- und Endorphinrausch. Man kann's natürlich auch ganz anders machen und zu Fuß durch Patagonien pilgern. Da wird dann alles relativ.

Ushuaia
Meist der Endpunkt der Patagonien-Reise. Die Hauptstadt von Feuerland hat nun gar nichts mehr vom Ende der Welt. Zuerst eine Barackensiedlung, dann ein Armeeposten, Tor zur Antarktis und heute – Duty-free-shop. Entsprechend nahm die Bevölkerung zu. An den Hängen um Ushuaia finden sich die Wellblechhütten der Zugezogenen, hin und wieder erhebt sich ein Wohnblock im schönsten Neuen-Heimat-Charme. Kurzum, die Welt hat uns wieder.

Meine Patagonien-Bibliothek

Altamerikanische Kulturen
Band 21 der Fischer Weltgeschichte
Herausgeberin: Laurette Sejourne (Fischer TB)

Argentinien MERIAN Heft, Dezember 1986

Argentinien erzählt
Herausgeber: Enrique Foffani
Frankfurt 1992 (Fischer TB)

Autorenkollektiv Die verschwundenen Kinder Argentiniens
Schriften für amnesty international Nr. 6
Tübingen 1982

Die Bibel (in der Übersetzung Martin Luthers)

Borges, Jorge Luis Erzählungen
Übersetzung: K. A. Horst, G. Haefs und D.E. Zimmer
aus: Gesammelte Werke, Band I - III, München 1981

Chatwin, Bruce In Patagonien
Übersetzung: Anna Kamp
Hamburg 1981

Chatwin, Bruce/Theroux, Paul Wiedersehen mit Patagonien
Übersetzung: Anna Kamp
München 1992

Darwin, Charles Reise eines Naturforschers um die Welt
Übersetzung: Viktor Carus
Gütersloh o.J.

Gernhardt, Robert Die Toskana-Therapie
Zürich 1984

Holst, Meno Das Todesgeschwader
Bielefeld 1956

Hudson, William Henry Idle Days in Patagonia
London 1923

Hudson, William Henry Das Vogelmädchen
Übersetzung: Kuno Weber
Stuttgart 1988

Humboldt, Alexander von Ansichten der Natur
Nördlingen 1986

Isherwood, Christopher The Condor and the Cows
London 1949

Jacottet, Philippe Spaziergang unter den Bäumen
Übersetzung: Friedhelm Kemp, Nachwort: Peter Handke
Zürich 1988

Lévi-Strauss, Claude Der Weg der Masken
Übersetzung: Eva Moldenhauer
Frankfurt 1977

Pendle, George Argentinien
Übersetzung: Ruprecht Paqué
München 1964

Reicholf, Joseph Das Rätsel der Menschwerdung
Stuttgart 1990

Rosei, Peter Fliegende Pfeile
Stuttgart 1993

Saint-Exupéry, Antoine de Nachtflug
Vorwort: André Gide
Übersetzung: Hans Reisinger
Frankfurt 1960

Saint-Exupéry, Antoine de Wind, Sand und Sterne
Übersetzung: Henrik Becker
Düsseldorf 1953

Skácel, Jan Und nochmals die Liebe
Übersetzung: Felix Philipp Ingold
Salzburg 1993

Schenkel, Elmar Sportliche Faulheit
Graz 1992

Schreiber, Otto Im Schatten des Calafate
Melsungen 1966

Stadler, Arnold Feuerland
Salzburg 1992

Tilman, H. W. Mischief in Patagonia
Cambridge 1957

Theaterstücke aus Argentinien
Herausgeberin: Hedda Kage und Halima Tahán
Berlin 1993

Uetrecht, Dieter Argentinien (preiswert reisen Nr. 14)
Köln 1991

INHALT

Aus den Notizen 5
Bis ans Ende der Welt 12
Zwischen Tango und San Telmo 16
Fähr- und Flugstationen 26
Die Stadt im Landmeer 32
Beim Hüter der Robben 43
Moby Dicks Urenkel 52
Eine Erzählung aus der Steppe 59
Auf dem Patagonien-Expreß 71
Im Land der letzten Eiszeit 79
Gruß vom Gondwana-Land 89
Boomtown auf der Winterinsel 100
Der Platz der Belgrano-Toten 111
Auf Indianersuche 121
Abschied vom Ende der Welt 130
Übersichtskarte 134
Kleines Patagonien-Glossar 135
Meine Patagonien-Bibliothek 149

MATTHIAS ULRICH
geboren am 7. Februar 1950 in Braunschweig. Aufgewachsen in Braunschweig, Bielefeld und Stuttgart. Nach dem Abitur in Stuttgart Studium der Germanistik, Kunstgeschichte und Erdkunde in Freiburg/Br. und Paris. In Freiburg Regie zweier Dokumentarfilme, Aktionen (mit Franz Erhard Walter) und Ausstellungen eigener Arbeiten. Reisen nach Südwest-Europa, Nahost, Afrika und Südamerika. Anfang der 80er Jahre Rückkehr nach Stuttgart, Arbeit als Schriftsteller, Redakteur und Lehrer. Seit 1984 Mitarbeit an der Literaturzeitschrift FLUGASCHE. 1985 erscheint der Erzählband ›Der Belgier‹ und 1989 der Roman über eine Studentenzeit ›Die Verzögerung‹ (beide in der ›edition walfisch‹, FLUGASCHE-Verlag). 1992 und 1994 längere Reisen nach Argentinien und Chile. Veröffentlichungen in InN, Delta, Horen, Stuttgarter Zeitung, Eßlinger Zeitung, DIE ZEIT.

© Verlag Reiner Brouwer
PFIFFIKUS-Verlagsauslieferungen
Hofener Weg 33, D-71686 Remseck
edition walfisch 23
1995 Stuttgart
Lektorat: Dorothee Rothfuß
Umschlaggestaltung: Michael Lauterjung
10 Vorzugsausgaben mit einer Papierarbeit
von LAUTERJUNG sind über den Verlag erhältlich
Satz: Edition Isele, Eggingen
Herstellung: MaroDruck, Augsburg
ISBN 3-925286-22-5

edition walfisch

ANGELIKA KOLLER
Die Reise nach Bologna
Gedichte 16.- DM

MATTHIAS ULRICH
Der Belgier
Erzählungen 20.- DM

ELMAR SCHENKEL
In Japan
Reisetagebuch 20.- DM

STUTTGART – MÄRCHENHAFT
Erzählungen
R. Brouwer/M. Ulrich (Hg.) 20.- DM

THOMAS KADE
Landschaft mit Stehgeiger
Gedichte 20.- DM

ELMAR SCHENKEL
Blaenau Ffestiniog
Erzählungen 20.- DM

FRANKFURT TANZT DEN TANGO
Erzählungen
M. Pesch/W. Rüger (Hg.) 30.- DM

MICHAEL HAMBURGER
Verlorener Einsatz
Erinnerungen 35.- DM

VOLKER KOSS
Auf der langen weißen Wolke
Neuseeland-Tagebuch 20.- DM

FRANZ BAERMANN STEINER
Fluchtvergnüglichkeit
M. Hermann Röttgen (Hg.) 30.- DM

TÜBINGER LESEBUCH
Anstiftungen
Birgit Heiderich (Hg.) 25.- DM

CARMEN KOTARSKI
Spanisches ABC
Gedichte 25.- DM

GÖTTINGER LESEBUCH
*Dies Knistern hinter
den Gardinen*
Holger Platta 30.- DM

MATTHIAS ULRICH
Die Verzögerung
Roman 25.- DM

RÜDIGER HIPP
Herzlichkeit für Millionen
Satirische Übungen 20.- DM

NEUE LITERATUR RHEIN-NECKAR
Zuckungsbringer
Dieter M. Gräf (Hg.) 20.- DM

ELMAR SCHENKEL
Massachusettes
Reisetagebuch 25.- DM

HELMUT BÖTTIGER
De Soto Diplomat
Notizen zu Kuba 30.- DM

UTA-MARIA HEIM
Süden und Irrtum
Gedichte 22.- DM

ELMAR SCHENKEL
*Sinn und Sinne
Drei Versuche zu
Hugo Kükelhaus* 14.- DM

ELMAR SCHENKEL
Blauverschiebung
Gedichte 22.- DM

THOMAS KADE
Eine fremde bewegliche Sache
Gedichte 22.- DM

MATTHIAS ULRICH
Patagonien-Passage
Reiseprosa 25.- DM